영어교습소 5년차
로지쌤의 성공 노하우

영어교습소 프랜차이즈 없이 대박 나기

KB018858

올리브
트리
영어

임우리 지음

대경북스

영어교습소
프랜차이즈 없이 대박 나기

초판발행   2021년 3월 5일
초판 2쇄   2022년 9월 15일
발 행 인   김영대
발 행 처   대경북스
 ISBN   978-89-5676-850-2

등록번호 제 1-1003호
서울시 강동구 천중로42길 45(길동 379-15) 2F
전화: (02)485-1988, 485-2586~87 · 팩스: (02)485-1488
e-mail: dkbooks@chol.com · http://www.dkbooks.co.kr

preface 머리말

2015년 겨울, 남편도 우리 가정도 힘든 몹시 불안한 상태에서 영어 교습소를 인수했다.

교습소 원장이란 이름으로 세상에 나온 순간, 허허벌판에 홀로 서있는 것 같았다. 좌절감과 두려움이 엄습해 오고, 그사이에서 어쩔줄 몰라 하던 것이 바로 초보원장인 나의 모습이었다. 5년 전에 지금의 모습을 상상이나 했을까?

미리 알았더라면 조금은 편하게 살았을 텐데…. 그렇게 전전긍긍하지 않고 스트레스도 덜 받고 우울감도 조금은 덜 느꼈을 텐데…. 미리 알았더라면 좀 더 현재를 즐기고, 좀 더 아이를 챙기고, 좀 더 나 자신을 챙기고, 좀 더 남편을 챙기고, 응원하고 서로가 상처받을 말들은 덜하고, 더 많이 사랑하며 행복했을 텐데….

하지만 이제는 깨달았다. 그 모든 과정이 성장의 시간이었다는 것을 말이다.

이제 내가 꿈꾸던 집에 살면서 한층 성장한 나의 모습을 본다. 그리고 내가 든든하게 일궈놓은 나의 영어 교습소를 본다. 아이들을 본다. 더 이상 불안하지 않고 편안한 마음으로 나의 일에 전념하고 확신을 가진 수업을 하면서 교습소를 안정되게 일궈가고 있다.

확실히 5년 전과는 다른 곳에 있는 것 같다. 그런 생각을 해보니 5년 전 힘들었던 나에게 타임머신이라도 타고 가서 위로해 주고 안아주고 이야기해 주고 싶은 심정이다. 그런 심정으로 이 글을 썼다. 이제 막 시작하는 예비 원장님들에게 5년 전 나의 모습이 보이기 때문이다.

5년 전에 나와 같은 멘토를 만났다면 그 많은 시행착오를 줄이고, 사기마저 당했던 일들도 없었을 텐데 하는 심정으로 이 글을 썼다.

오히려 처음부터 성공의 길만 갔던 이야기가 아니라서 내 글이 더 도움이 될 것이라는 확신이 있다. 수업에 대한 자신감 하나 외에는 운영 능력도 경험도 지식도 없던 내가 맨땅에 헤딩하면서 안 해본 것 없이 부딪히며 겪어 온 이야기를 전해 주고 싶었다. 이 책이 영어 교습소를 창업하시는 분들, 영어를 가르치는 일을 하겠다고 마음먹은 분들에게 길잡이가 되는 책이었으면 좋겠다.

초창기에는 아무것도 모르고 시작했기 때문에 부족한 부분이 많았다. 그래서 그런지 교습소 운영은 처음부터 어렵기만 했다. 물론 상황은 모두 다르겠지만, 그당시 교습소 일은 나에게는 희망 고문과도 같아, 해도 해도 끝없이 낙심하는 일이 생기는 고난의 과정이었었다. 그때 나는 정말로 궁금했었다. 2년째 되던 해에 끝없이 반복되던 지긋한 일 속에서 이 모퉁이를 지나면 새로운 풍경이 정말 펼쳐질까? 정말 안정된 성공이라는 게 있을까? 때로는 너무나 스트레스 받는 일인 학부모 응대로 감정적인 소모가 심해서 공항장애가 올 뻔도 하고, 수면장애도 왔었고, 미쳐버릴 것 같아서 심리상담을 받은 적도 있었다.

하지만 끝없이 펼쳐지는 암울한 풍경만 있었던 것이 아니었다. 아이들을 가르치는 본업에 집중하여 몰입하다 보니, 어느 순간 일에

·

5

서 오는 성과가 생기고, 자기 관리라는 것을 하게 되었고, 시간과 감정을 관리하기 시작하며 성장에 가속도가 붙었다. 독서를 통해 많은 것을 배우면서 새로운 시각이 생기고, 어느 순간이 되니 돌아나온 모퉁이가 저만치 보였다. 중간에 포기했다면 실패했을 테지만, 실패처럼 보였던 일들이 모이고 모여서 성공의 바탕이 되어 주었다. 어느새 모퉁이를 지나가니 정말 생각지도 못했던 풍경이 펼쳐졌다. 새로운 시각과 여유가 생겨났다. 또 다른 길이 나에게 오라고 손짓한다. 더 큰 산이 앞에 놓여 있지만 감히 도전할 용기가 솟는다.

요즘에 나는 정말 감사한 마음이다. 비록 코로나19로 인해 어려운 시기이지만, 이전보다 아이들이 더 들어오고, 영어 실력도 좋아지고, 학부모님들과의 관계도 더 끈끈해졌다. 교육 사업도 질적으로 성장했을 뿐 아니라 나의 삶의 질도 달라졌다. 꿈꾸던 예쁜 집에서 아이 키우며 집안일에 수고해 주는 남편이 나를 지지해 주기에 걱정할 것 없이 내 본업인 학원 일에 집중할 수 있다. '성공'이라는 말은 아직 낯설지만 생계의 문제에서 벗어나 차곡차곡 안정적인 재정 시스템을 만들어가고 있다. 프랜차이즈 한 번도 한 적 없이 나만의 브랜드를 만들어 안정적인 운영에 접어든 것이다.

성공하신 분들이 참 많지만 그럼에도 용기 있게 나의 이야기가 원서 영어와 소리 영어 교육의 프랜차이즈 없이 어떻게 안정적으로 성공할 수 있는지 궁금해 하시는 분들에게 도움을 줄 수 있기를 바라고, 창업에 도전하는 데 도움이 되는 책이 되었으면 좋겠다는 마음으로 글을 썼다. 특별한 능력 없는 평범한 사람이지만, 널려진 정보에 귀를 기울이고, 연구와 교육으로 수업 현장에서 노하우를 쌓으며 자신만의 브랜드를 만들어가고, 여러 아이들이 영어를 언어로서 배우고 성장해 가는 교습소를 운영해 나가고 있다. 참으로 보람된 일이다. 더 많은 분들이 이 일을 함께하면 좋겠다.

가끔 이게 꿈인가 생각될 정도로 행복해 하고 많이 웃는 내 모습이 요즘 달라진 내 삶의 풍경이다.

가끔 힘든 일이 생기기도 하지만 금세 극복이 된다. 참 달라진 풍경이다. 그리고 이제는 거기서 만족하는 게 아니라 또 새로운 꿈을 꾸고 있다.

나와 같았던 사람들, 나처럼 힘들어하는 사람들, 자신만의 교습소를 꿈꾸는 분들이나 자신의 삶을 바꾸고 싶어 하는 어느 누구에게라도 힘을 주고, 경험과 노하우를 전하고 함께 성장하고 싶다. 이 이야기는 교습소를 창업하고 일궈내는 이야기이지만, 내 자신이 성장해왔던 이야기이기도 하다. 그 과정에서 깨달은 많은 것들을 함께 나누고 싶다. 생활고에 지쳤던 평범한 한 사람이 5년 만에 새로운 풍경을 보게 되는 이야기를 들려주고 싶다. 5년밖에 운영을 안 해 본 사람이 무슨 운영이야기를 하냐고 할 수도 있지만, 5년이 딱 좋다. 이제 막 경험한 따끈한 이야기를 해 줄 수 있으니 내가 적격이다.

나의 삶에서 우선 순위인 하나님과 우리 가족을 더욱 사랑하고 소중히 여길 수 있는 삶을 살고 나의 소명을 다해 살기 위해서 또 다른 도전을 시작한다. 이 책이 많은 이들에게 유익한 책이 되길 진심으로 바라고, 늘 지지해 주는 우리 남편과 나의 삶의 이유가 되는 우리 아들에게 이 책을 바친다.

2020년 12월
양평의 꿈꾸던 집에서

차 례

part 03
언어로서의 영어

part 04

영어 교습소 관리와 운영

part 05

나를 성공으로 이끈 비법

part 01

용감하게 교습소

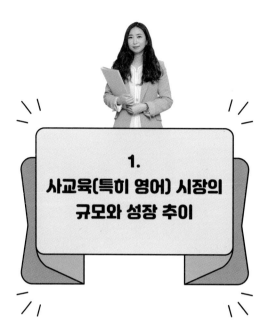

1.
사교육(특히 영어) 시장의
규모와 성장 추이

영어 교습소 창업은 사교육 시장에 진입한다는 것을 의미한다. 창업을 앞둔 예비 원장님들은 고민이 많으실 것이다. 인구 감소 추세에 따라 신생아의 수가 줄어들고 덩달아 유치원 · 초등학교 아이들의 수도 줄어들고 있는 상황에서 영어 사교육 시장의 전망은 과연 어떨까 궁금하실 것이다.

영어 사교육 시장을 예측하기 위해서는 먼저 사교육 시장의 규모와 성장 추이를 살펴볼 필요가 있다. 먼저 객관적인 데이터를 살펴보자.

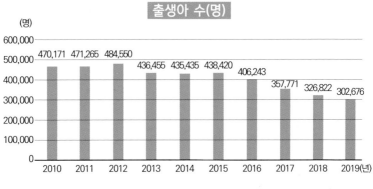

출처 : 통계청

먼저 출생아 숫자를 보면 2010년부터 매년 감소세를 보이고 있는데, 2019년에는 출생아 수가 30만 명 수준에 머물고 있다. 2021년을 기준으로 보면 초등학교 1학년은 2014년생인데, 당시 출생아 수는 43만 5천 명이다. 향후 3년 뒤에 1학년이 되는 아이들은 35만 명이다. 7세부터 초등학교 학생들을 다 합쳐도 300만 명이 안 되는 상황인데, 이들을 대상으로 전국의 영어 교습소가 경쟁해야 하는 상황이다. 게다가 초등학교에 진학한 학생들이 모두 사교육의 혜택을 받는 것도 아니다.

그러면 사교육을 받는 학생들의 숫자를 알아보자. 통계청에서 제공한 초 · 중학생 사교육 참여율을 보면 초등학생의 사교육 참여율은 2007년이 가장 높았고, 2010년 중반까지 낮아지다가 2019년 소폭 증가한 상황을 보이고 있다. 학생 수가 지속적으로 감소하는

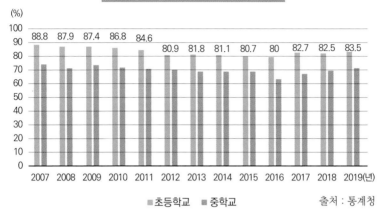

초·중학생의 사교육 참여율(%)

출처 : 통계청

상황에서 참여율은 줄곧 80%대를 보이고 있다. 따라서 7세부터 초등학생을 포함한 실질 사교육 참여 학생은 2021년 기준 200만 명 중반대로 보는 것이 합리적이다.

영어는 사교육 과목 중 필수과목 중 하나이기 때문에 200만 명 이상이 영어 사교육을 받고 있다고 볼 수 있다. 이 숫자는 매해 수만 명씩 줄어들고 있으며, 때로는 10만 명 이상 줄어들 수도 있는 상황이다. 학생 숫자로만 보면 암울할 수 있는 상황이다.

그런데 과연 암울한 상황이 맞는지 학생 1인당 사교육비를 근거로 살펴보자. 다음의 초등학생과 중학생 1인당 월평균 사교육비 추세를 보여주는 그래프를 보면 초·중학생 모두 사교육비가 증가했

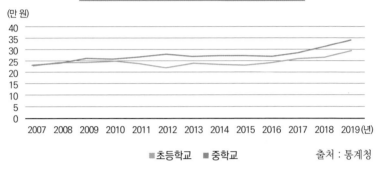

음을 알 수 있다. 특히 2010년 후반대에 들어서 증가세가 좀 더 많아지고 있다. 통계청 자료에 따르면 전체 사교육비는 2007년 약 20조 원에서 2019년 약 21조 원으로 증가하였다.

학생 수는 감소하고 있지만, 1인당 사교육비의 증가로 오히려 전체 사교육 시장은 증가하고 있다. 종합적으로 볼 때 대상 학생 수는 줄어들었지만, 학생 1인당 부담하는 사교육비가 증가하였기 때문에 경제적 관점에서 볼 때 시장이 결코 어둡다고 말할 수 없다.

영어는 수학과 더불어 대학입시와 미래를 위해 필수적인 과목으로 인식되고 있다. 학생당 사교육비에서 영어 과목에 지출되는 비용은 10%를 훨씬 상회할 것으로 보이지만, 단순히 10%로 가정해도 2019년 기준 2조 1천억 원이다. 결코 작은 시장이 아니다.

코로나19로 인해서 잠시 주춤하는 양상을 보이고 있지만, 온라인 교육 및 1:1 교육 활성화 등의 방식으로 교수 방법이 바뀌었을 뿐이지, 여전히 영어 사교육 시장의 규모는 크고 활발하게 운영되고 있다. 효율적인 교육 서비스가 제공된다면 학부모들은 영어의 특성상 온라인 교육일지라도 학원이나 교습소를 쉽게 그만두지 못하고, 오히려 상대적으로 아이가 성장할 수 있는 기회로까지 여기기도 한다.

특히 지금과 같은 코로나19 상황에는 발 빠르게 준비하고 불확실한 미래에 대해 대비하는 학원과 그렇지 않은 학원은 다른 길을 가게 될 것이다. 온택트 시대에 걸맞게 잘 정비된 시스템이 없다면 코로나19로 인해 위기에 직면할 수 있기 때문에 창업을 꿈꾼다면 철저한 준비가 필요하다.

그럼에도 아직 전망이 밝다고 보는 것이 필자의 견해이다. 출산율이 적더라도 아이들이 있는 곳은 사교육을 필요로 하기 마련이다. 따라서 아이들이 있는 곳이라면 사교육 시장의 전망은 밝다고 하겠다.

그러면 아이들이 많은 곳은 어느 곳인가? 아이들의 숫자를 보려면 사회 전체의 부동산 동향과 인구 동향도 살펴 볼 필요가 있다. 기본적으로는 구도시가 아닌 신도시에 아이들이 많다.

필자의 교습소가 자리 잡고 있는 송파 지역은 이제 점점 구도시로 변해 가고 있다. 여전히 집값도 비싸고, 헬리오시티나 파크리오 같은 대규모 신축 아파트들도 생겼지만, 위례 · 미사 · 감일 등 신도시로의 이동도 많아졌다. 이렇게 새로 출범한 신도시 안에서 공부방이나 교습소를 창업하면 전망이 좋을 것이다. 신도시에서 학원을 운영하시는 분들로부터 그 아파트 단지에서는 원생 확보가 가능하기 때문에 안정적으로 운영할 수 있다는 이야기도 들을 수 있다.

한편 우리나라의 영어 사교육 시장의 전망에서는 입시 교육 전반을 살펴보지 않을 수 없다. 입시 교육 측면에서 보아도 영어가 차지하는 비중이 높다. 또한 우리나라는 꼭 입시가 아니어도 언어로서 영어를 반드시 해야 한다는 인식이 매우 높은 편이다. 그런데 현실적으로 영어 교육은 사교육에 많은 부분을 의존하고 있고, 앞으로도 그럴 것이다.

2.
왜 교습소인가

    영어 학원의 주형태는 공부방, 교습소, 학원이다. 이 세 가지 형태는 각각 장·단점이 있고, 예비 원장님의 경제 사정과 주위 상황에 따라 적절한 규모를 선택할 수 있다.

    하지만 교습소를 추천하는 이유를 교습소를 창업한 입장에서 말씀을 드린다면 다음과 같다.

    학부모의 입장에서 볼 때 아이의 학습은 보다 전문성 있는 곳에 맡기려 하기 때문에 공부방보다는 주거가 분리된 공간의 교습소가 더욱 바람직할 것이다. 한편 원장의 입장에서 볼 때는 공부방보다는 교습소가 임대료는 내지만 아이들이 더 많이 들어온다면 그것을 충분히 감당할 수 있기 때문에 본격적으로 교육 서비스에 집중할 수

공부법, 교습소, 학원의 차이점

유형 차이점	공부방	교습소	학원
법률적 차이점	법적으로 강사를 둘 수 없는 1인 교습 체제. 동시에 9명 이하까지 지도 가능. 교습 과목 제한 없음. 가족이 함께 운영 가능.	법적으로 강사를 둘 수 없는 1인 교습 체제. 동시에 9명 이하까지 지도 가능. 보조 요원 1명 가능. 한 과목만 지도 가능. 수용 인원은 1m²당 0.3명 이하	강의실 전용면적 기준 이상기준면적은 교육청마다 다름 강사 채용 가능. 2종 근린시설의 상가. 수강생 수 제한 없음. 여러 과목 가능.
등록	신고제	허가제	허가제
장점	보증금이나 월세가 들지 않는다집이 아닌 곳에서 전문 공부방을 운영하려면 보증금이나 임대료가 발생함. 아파트 단지 안에 있다면 단지 안에서도 수요를 충족시킬 수 있다는 장점이 있다.	집과 분리하여 비즈니스 공간으로 운영할 수 있다. 공부방보다 인테리어에 제약을 덜 받는다. 간판이나 배너 등 아웃바운딩 홍보를 하기에 유리하다.	강사 채용 및 과목 수와 수강생 수에 구애받지 않고 자유롭게 운영할 수 있다. 아웃바운딩 홍보에 유리하다.
단점	주거지에서 한다면 생활상 불편한 점이 있을 수 있고, 지역 주민들과의 관계가 예민해질 수 있다.	보증금과 임대료가 발생한다.	면적이 넓어지면서 사업 초기 비용이 크게 들 수 있다. 운영 자금의 규모가 커질수록 손실이 커질 수 있다.

있다는 장점이 있다.

또 학원보다는 교습소가 가성비 면에서 유리하다. 예비 원장님께서 교사 출신으로 티칭 경력이 있으시다면 원장 직강으로 보통 20~30명까지 안정적인 운영이 가능하다. 최대 80명까지 혼자서 감당하시는 분도 보았다. 그 이후에 원생 수가 더 늘어나면 규모를 키워 학원으로 확장하기를 권한다.

전문적인 영어 학습 공간으로서는 공부방보다는 교습소를 추천하고, 가성비를 고려하면 학원보다 교습소가 제격이다.

3.
교습소 창업 로드맵

① 교습소 창업의 기본

교습소의 이름과 교습 대상을 정한 다음, 콘셉 및 커리큘럼, 시간표, 수강료 등을 책정한다.

② 교습소의 위치 선정

교습소의 위치를 선정하실 때에는 물색한 지역의 부동산 중개소를 방문하여 임대물에 대해 직접 물어도 좋고, 온라인 사이트를 참고로 해도 좋다. 동네를 직접 돌아다니면서 임대 현수막을 건 곳이 있다면 직접 주인과 협상을 할 수도 있다.

참고로 필자가 참고했던 사이트는 〈네모〉이고, 지역의 부동산 중개소에 직접 전화를 걸어 물어 보기도 하였다. 직접 뛰어다니면서 건물주와 교섭을 잘하면 임대료를 더 낮출 수도 있으니 발품을 팔 것을 권장한다.

교습소 위치 선정 시 고려해야 할 사항은 다음과 같다.

01. 초등학교 가까이 있는지

02. 아파트 단지가 가까운지

03. 아이들이 다니는 길목인지

04. 횡단보도를 건너지 않고도 접근할 수 있는 곳인지

간혹 이렇게 말하는 사람이 있다. "위치는 중요하지 않다. 잘 가르친다고 소문만 나면 멀거나 불편해도 올 것이다. 맛집을 봐라."

하지만 맛집은 온 가족이 차를 가지고 어쩌다가 한 번 가는 곳이지만, 교습소는 아이들이 매일 또는 하루 걸러 다니는 곳이므로 위치가 안 좋으면 아무리 좋아도 한계가 있다. 따라서 교습소의 접근성은 어린아이들일수록 중요하다.

갈수록 워킹맘도 늘고 있는 추세여서 일일이 라이딩을 해주기 어렵다면 차량을 운행하는 큰 학원에 보내는 것을 선호할 수밖에 없다. 그러므로 차량을 운행할 수 없다면 아이들이 쉽게 접근할 수 있는 곳은 매우 중요한 장점이 된다.

영어 교습소를 하려는 곳에 얼마나 많은 영어 교습소와 영어 학원

이 있으며, 학부모들이 선호하는 영어 교육 방식은 무엇인지 미리 알아보는 것이 좋다. 속된 말로 동네 분위기가 있다. 어떤 동네는 원서 영어 수업을 선호하고, 어떤 동네는 입시 영어 수업을 선호한다든지, 매일 등원하거나 주 2회 등원하는 학원이 많다거나, 영어를 제외한 다른 과목의 학원이 많다거나, 대략적인 학원 수강료 수준까지 미리 파악해서 창업을 준비하여야 실패를 줄일 수 있다. 다시 말해 고객의 니즈에 부응해야 한다는 말이다.

교습소를 차리려는 곳이 영어 학원이 많은 지역이라고 해도 원서를 활용해서 수업하는 학원이 별로 없다면 오히려 틈새시장을 노려볼 수도 있다. 학원이 많은 이유는 수요가 있기 때문이다. 같은 층에 여러 영어 학원이 있다 해도 주눅들 필요는 없다. 잘되는 영어 학원 세미나에 가보면 같은 층에 두세 개의 영어 학원이 있는 곳도 수두룩하다. '나와 같은 독보적인 커리큘럼을 가진 곳이 있겠는가' 하는 자신감으로 성실하게 수업하다 보면 정말 찾아오는 영어 교습소가 될 것이다.

③ 교습소의 인테리어와 집기 구비

인테리어는 전반적인 부분을 전문업체에 맡겨버리면 편하지만, 비용이 많이 든다. 자금이 넉넉지 않다면 셀프 인테리어를 할 수도 있고, 몇 분야로 나누어 각각의 전문인에게 따로 맡기는 방법도 있다. 필자의 경우 칸막이, 전기, 도배 및 장판, 화장실 공사 등을 분리하여 각각의 업자에게 의뢰한 결과 전문 인테리어업체에게 턴키로 넘겼을 때의 견적보다 몇 백만 원은 절감할 수 있었다. 가성비 있는 업체를 수소문해서 인테리어를 직접 지휘하며 필요한 부분을 세세하게 상의하면 내가 원하는 인테리어를 저렴하게 할 수 있다.

인테리어어가 끝나면 이제 교습소에서 사용할 집기를 구비해야 한다.

네이버 카페 〈학관노〉에서 무료 나눔하는 책걸상 및 집기도 있고, 〈중고나라〉를 통해서도 비교적 저렴하게 구입하는 방법도 있으나, 중고 집기가 싫다면 새것으로 구입해야 한다.

④ 교습소 허가

교실 한 개를 만들 수 있는 면적이라야 교습소로 허가를 받을 수 있다. 교육청에 교습소 설립 운영 신청을 하면 담당자가 신고 서류를 확인한 후 실측을 위해 교습소를 방문하여 다음 사항들을 확인한 후 등록증을 발급해 준다.

- ☺ 교습소 내 강의실 면적 등 측량
- ☺ 면적에 따른 일시 수용 인원 파악
- ☺ 건축물대장상의 면적과 비교하여 이상 유무 확인
- ☺ 건물 내 유해업소 유무 확인
- ☺ 소화기 및 기타 교습소, 학습에 필요한 교구와 설비
- ☺ 교습소 간판(신고한 명칭과 일치 여부)

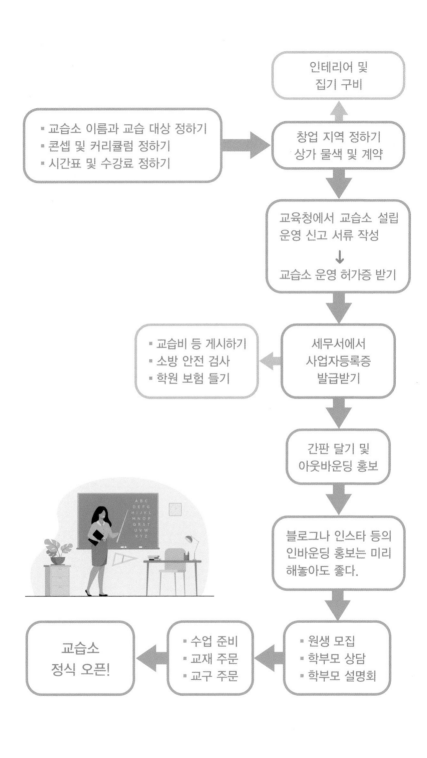

인테리어 및
집기 구비

교습소 이름과 교습 대상 정하기
콘셉 및 커리큘럼 정하기
시간표 및 수강료 정하기

창업 지역 정하기
상가 물색 및 계약

교육청에서 교습소 설립
운영 신고 서류 작성
↓
교습소 운영 허가증 받기

교습비 등 게시하기
소방 안전 검사
학원 보험 들기

세무서에서
사업자등록증
발급받기

간판 달기 및
아웃바운딩 홍보

블로그나 인스타 등의
인바운딩 홍보는 미리
해놓아도 좋다.

교습소
정식 오픈!

수업 준비
교재 주문
교구 주문

원생 모집
학부모 상담
학부모 설명회

면허세를 납부한 다음 교육청을 방문하여 신분증을 제시하고 교습소 운영 허가증을 수령한다. 교습소 운영 허가증과 신분증을 가지고 관할 세무서에 가서 사업자 등록을 한다_{미신고 시 미등록 가산세가 부과됨}. 세무서에 가서 사업자등록증을 받아야 정식으로 교습소를 오픈할 수 있다. 공부방을 하더라도 사업자등록증을 발급받는 것이 좋다.

집에서 작게 운영하더라도 사업자 등록을 하는 것이 좋다. 사업자 등록증이 있어야 교재 구매나 콘텐츠 이용 시 여러 가지 혜택을 받을 수 있고, 카드단말기도 구비할 수 있다. 카드단말기가 있어야 현금 영수증 발행도 가능하다. 세무에 관해서는 학원 전문 세무사에게 의뢰하는 것이 편하다. 세무 처리가 혼자서 가능한 사람은 홈택스로 세무 처리를 해도 된다.

| 교습소 설립 및 인수 시의 구비 서류 ||
교습소 설립 시	교습소 인수 시 변경 신고
» 교습소 설립 운영 신고서(교육청에 비치 되어 있음) » 최종 학력 증명서(원본) » 시설 평면도 » 임대차계약서(원본) » 성범죄 경력 조회 및 아동학대 관련 범죄 경력 조회 동의서 » 증명사진(3×4) 2매 » 신분증 원본	» 교습소 변경 신고서 » (구) 신고 증명서 » 신분증 원본 » 증명사진(3×4) 2매 » 시설 평면도 » 임대(전대)차 계약서(원본)/ 교습과목·교습비 변경 시 추가서류 » 교습비 등 변경 등록 신청서

사업자 등록까지 하고 나면 교습소에 교습비 등 게시, 학원 보험 들기, 소화기 배치 등 부수적인 절차를 완료한 다음 카드단말기를 설치하고 인터넷 신청을 한다.

5 교재 선정 및 구매

이제는 수업 내용이 무엇보다 중요하므로 수업 준비에 만전을 기하기 위하여 교재 및 교구를 미리 갖추어 놓고 수업 준비를 한다.

교재는 총판을 통해 구매하길 추천한다. 사업자등록번호가 있으면 20% 정도 할인된 가격으로 구입할 수 있다.

비대면 시대에 미디어 북을 사용하면 온라인 수업도 매우 용이하고, 평상시 수업에서도 활용 가능한 사이트를 알려드린다. 많은 사이트와 자료들이 있지만, 내가 직접 사용해 보고 좋아서 현재도 애용하고 있는 곳만 핵심적으로 알려드리겠다.

📌 웅진컴퍼스의 산타클래스 스토어

국내에서 자체 개발하여 해외 40여 개 국에 수출하는 교재. 전문화된 영어 콘텐츠 역량과 미디어 기술을 바탕으로 언어 학습 서비스 기술 특허를 보유하고 있는 회사.

산타클래스 사이트에 가입해서 교사 등록을 하면 미디어북을 사용할 수 있고, 부가자료도 다운받아 사용할 수 있다. 미디어북은 수

업에서 그대로 사용해
도 된다.

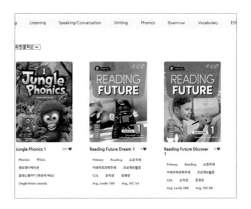

📌 Alist

e 북 사용이 가능하다.

Phonics Monster 교재의 e 북 활용을
할 수 있고, 세미나 동영상을 볼 수 있어서
교재 활용 및 수업에 대한 아이디어를 얻
을 수 있다.

📌 클래스카드

원서를 구입할 수 있는 곳

📌 웬디북

많은 사이트가 있지만, 원서는 이 곳에서 사면 편하다.

📌 런투리드북클럽

여기에서 교재로 주문하면 워크북 있는 책들도 고를 수 있으며, 워크북도 제공해 준다. 회원등급별 무료 다운로드도 가능하다.

교구를 구입할 수 있는 곳

📌 키즈업펀

교구와 스토리 송이 함께 나오는 스토리북의 커리큘럼을 원한다면 이곳을 방문하면 교사 가입 후 구입할 수 있다.

📌 퍼니스쿨

미술 교구를 주문할 수 있는 곳으로, 유치부와 초등 저학년의 만들기 활동 시 필요한 교구들을 구입할 수 있다.

part 02

홍보와 마케팅

정식으로 교습소를 오픈한 다음에는 홍보를 해야 한다.

교습소를 오픈하여 홍보를 시작하면 소위 '오픈발'을 받는다고 하는데, 이때 주변 학부모들의 관심을 끌게 된다. '이 영어 교습소는 어떤 곳인가?', '오픈 할인은 없나?' 하면서 기웃거리는 어머니들도 있고, 3~4명 우르르 몰려와 묶어서 할인해 달라며 상담하기도 하고, 근처의 경쟁 영어 교습소나 학원으로부터 정보만 묻고는 끊는 스파이 전화 등 신고식이라 불리는 다양한 상황에 직면하기도 한다.

그러나 홍보는 반드시 필요한 작업이다. 당장 원생을 늘리는 데는 도움이 안 되더라도 '여기 영어 교습소가 있어요.'라고 알리고 잠재 고객을 확보하는 효과가 있다. 다만 너무 많은 금액의 홍보비 지출은 금물이다. 교육 사업이기 때문에 홍보를 많이 한다고 많은 원생이 들어오는 것은 아니다. '여기에 이런 영어 교육을 하는 곳이 있어요.'하는 정도로만 홍보를 하자.

"만약 당신이 차별화된 상품과 서비스를 새롭게 만들어내는 데 자금을 쓴다면, 홍보와 광고에는 돈을 쓸 필요가 없을 것이다."

– by Seth Godin 《폭발성장》 –

이 말은 교육 콘텐츠가 정말 차별화되고 양질의 수업을 함으로써 교육적 가치가 있는가를 먼저 생각해 보아야 한다는 뜻이다. 공부방으로 성공했다는 사람들을 찾아가 어떻게 아이들을 모으셨느냐고 물어보니 "입소문이 났나 봐요."라든가 "홍보는 별로 한 적이 없어요."라고 하는 분들이 계셨다. 이런 분들은 교육 콘텐츠 자체가 성공의 핵심 요인이었음을 알 수 있었다.

교육 콘텐츠 자체에 집중해서 좋은 커리큘럼과 양질의 수업을 준비하여 학부모들을 만족시키는 것을 가장 우선시하여야 한다. 하지만 좋은 콘텐츠라고 자부할 수 있고, 커리큘럼도 체계적이고, 수업도 자신감이 넘치는데 아이들이 안 온다면? 그럴 때는 홍보 부족이다. 내가 바로 그런 경우였다. 그 때문에 학부모의 소개에 의존하기보다 내 스스로 길을 만들어 보기 위해 블로그를 시작하고 여러 가지 홍보 방법을 동원하게 되었다.

자, 이제 본격적으로 교습소를 키워갈 수 있는 마케팅 요소를 배워보자. 사실 나는 마케팅 전문가도 아니고 정식으로 배워본 적도 없지만, 교습소 운영에 필요한 만큼만 자연스레 배우게 되었다.

이제 내가 경험으로 배운 마케팅 요소를 나눠보고자 한다.

1.
아웃바운딩 마케팅

"어떻게 해야 아이들이 들어올까?"

이것이 바로 고민의 시작점이다. 영어 교습소를 차린 이후 홍보를 시작했을 때 아웃바운딩으로 볼 수 있는 첫 번째 요소는 간판이다. 보통 간판을 걸어 놓고, 시트지를 창문에 붙이고, 배너를 세운다. 나중에 교습소에 들어온 아이들을 조사해 보았을 때 30% 정도는 이 아웃바운딩을 통해 교습소를 알게 되었다고 한다. 지나가다 새로 생긴 간판을 본 후 검색해 보고 들어왔다는 의미이다.

예쁜 로고와 색다른 디자인으로 학부모들의 관심을 받을 교습소 간판을 걸어 놓자. 첫 창업에서는 전문가에게 디자인을 맡겼지만, 작년에 새롭게 이전했을 때는 망고보드나 캔바 등의 앱을 이용해 직접 만들어 보았다.

그다음 전단지를 만들어서 아파트와 학교 앞에서 직접 돌린다. 초반에는 연락이 잘 안 와도 교습소를 알리는 계기가 된다. 창업 초기 나는 아웃바운딩 마케팅에 대한 온갖 아이디어를 짜내며 벽면과 전봇대 등 아이들의 동선을 따라 전단지를 붙이기도 하고, 놀이터나 아파트

당시 돌렸던 전단지

단지 또는 유치원 버스 타는 데서 "제가 원장인데요. 직접 가르칩니다."하면서 교육 상담도 해주면서 전단지를 돌렸다. 빌라 우편함에 전단지를 꽂아 놓기도 하고, 지하철 출구 앞에서도 돌리는 등 할 수 있는 일은 최대한 다해 보았다.

그러나 이렇게 하는 것은 한계가 있었다. 실제로는 이미 다니고 있는 학부모의 소개로 인한 등록률이 훨씬 높았다. 내가 따로 발품 팔지 않아도 입소문을 통해 아이를 믿고 맡기는 것이다. 이러한 지인 소개 및 입소문은 힘이 가장 세다. 소개도 많이 해주고 다른 엄마들을 몰고 오는 학부모를 가리켜 시쳇말로 '돼지 엄마'라고 한다. 돼지 엄마를 잘 만나면 원생 모집을 수월하게 할 수 있다. 물론 그 엄마에게는 차별화된 혜택도 주고 잘 대해 드려야 한다. 나의 경우는 그런 돼지 엄

마를 많이 만나지는 못했지만, 아는 원장님은 초반에 한 분이 열 명 이상의 학부모를 데리고 와서 쉽게 정착할 수 있었다고 한다.

창업 초반에 원장들의 심리 상태는 한 명 들어오면 대박 날 것 같고, 한 명 나가면 망할 것 같은 롤러코스터 타는 기분이 된다. 게다가 "어디는 어떻게 했는데 잘 되었다더라."하는 소리에 귀도 얇아지고, "누군가 귀인이 들어오지 않을까?" 하며 운에 기대는 연약한 심리 상태가 되기도 한다.

이처럼 자꾸 귀인을 찾는 심리는 학부모 한 명에게 지나치게 애정을 주고 의존하게 되어 나중에는 그것이 상처로 이어질 수도 있다. 지인 소개가 가장 좋은 마케팅임에 틀림이 없고, 또 폭풍 성장을 위한 좋은 방법이지만, 학부모들을 맹신하기보다는 더욱 좋은 수업과 콘텐츠를 통해 고객을 만족시켜야 한다.

최근에는 지인 소개를 잘 안 하는 분위기다. 좋은 교육을 실시하는 곳을 알게 되었더라도 소개해 주기보다 조용히 만족하고 끝나는 경우가 많아졌다. 좁은 문을 향하는 경쟁 사회에서 다른 것은 공유해도 교육 비법은 잘 공유하지 않는다. 그럼에도 여전히 입소문은 가장 강력한 힘이 있다. 필자의 영어 교습소에도 40% 정도는 입소문으로 들어왔다. 그럼에도 입소문이 퍼지기만 기다리고 있어서는 안 되며, 적극적으로 나를 알리는 일을 해야 한다.

그중 강력한 마케팅 도구는 블로그다.

2.
인바운딩 마케팅 :
블로그와 인스타그램

블로그 포스팅은 내게 큰 재미를 주었다. 나는 글쓰기와 사진을 찍어 블로그 등에 올리는 것을 좋아한다. 비록 파워블로거처럼 전문성 있게 포스팅하지는 못했어도, 창업 초기부터 전단지도 올리고, 수업 후기도 조금씩 포스팅했다. 초기에는 블로그 검색으로 등록하게 된 아이는 거의 없었지만, 엄마들로부터 소개를 받거나 전단지를 본 후 네이버 검색을 꼭 해 본다는 것을 알게 되었다.

조금씩 포스팅에 재미를 붙여 가고, 맘카페나 다른 SNS에 링크도 걸어보고, 온라인으로 할 수 있는 홍보도 열심히 했었다. 초반에는 내용은 많지 않았지만 꾸준히 나의 교육 철학을 어필하거나, 교육 내용을 담은 칼럼 등을 포스팅하고, 행사가 끝난 후 행사 후기도 올렸더니 블로그의 내용이 점점 쌓이게 되었다. 일 년 정도 되자 블로그를 보고 아이들이 너무 행복하게 배울 것 같아서 왔다는 분, 블로그가 눈에 띄어서 상담을 받고 싶어서 왔다는 분들이 늘어갔다.

그러던 중 더 잘하고 싶은 욕심도 나고 해서 2019년 〈작은 학원 마케터 그래서노벰버님〉의 블로그 마케팅 코칭 1기로 블로그 코칭을 받았다. 그 덕에 어떻게 블로그를 운영해야 최대한의 효과를 낼 수 있는지, 그리고 네이버의 검색 루틴을 적절하게 활용하는 방법 등을 배울 수 있었다. 이후 블로그의 팬덤이 생기고, 나의 목소리를 낼 수 있는 채널이 있다는 것이 얼마나 든든한지 모른다. 현재 수강생 모집은 물론 그 이상으로 내가 하고 싶은 모든 것을 블로그를 기반으로 하게 되었다. 블로그의 가장 좋은 점은 나 자신을 세상에 드러내는 나만의 미디어라는 점이다.

물론 처음부터 아무 두려움 없이 블로그로 나와 나의 교습소를 알려 간 것은 아니었다. 내게 큰 상처를 남긴 맘까페 사건Part 4의 "학부모 응대에도 원칙이 있다" 챕터 참조 때문에 두려움이 있었다. 블로그에 내 개인 이야기를 쓰고 나를 공개한다는 데 대한 두려움이 생겼기 때문이다. 안 좋은 사건이 또 발생하지는 않을까 하는 걱정이 앞섰다. 그래서 교육 중에 노벰버님께 고민을 털어 놓았다.

·

"노벰버님께서 블로그에는 학원장의 이야기와 사생활도 솔직하게 쓰고 자기 소개도 쓰라고 하셨는데, 그랬을 경우 부정적인 일이 일어나지는 않을까요?"

그랬더니 노벰버님께서는 "원장님께서 힘드시면 안 쓰셔도 되지만, 쓰시면 사람들이 더욱 신뢰하게 될 거예요."라는 답을 주셨다. 그 말에 용기를 내어 자기 소개를 블로그에 올렸다. 스펙이나 경력이 화려하지 않아도 있는 그대로 진심을 담아 썼다. 두근두근 코칭 메시지를 기다린 다음날 아침 노벰버님은 자기 소개의 정석을 보여 주셨다고 말하며 칭찬해 주셨다. 눈가가 뜨거워짐을 느낄 수 있었다. 부끄럽고 두려워서 드러내지 않으려 애쓰다가 알을 깨고 세상에 처음으로 나온 사건이었다.

그 이후로 내가 우려하는 어떤 부정적인 일은 털끝만큼도 발생하지 않았다. 오히려 자기 소개를 보고 전화로 상담하고 교습소에 등록하는 일이 잦아졌다. 학부모들이 이전보다 더욱 신뢰를 보여 주고 지지해 주었다. 그에 힘입어 자기 소개 2탄, 3탄까지 작성하여 올릴 수 있었다. 사생활 오픈을 두려워하는 많은 예비 원장님들의 심정을 나도 이해한다. 하지만 진심으로 세상에 본인을 드러내기를 권한다. 가장 이득을 보는 사람은 바로 본인이 될 것이다.

20일간의 블로그 코칭 과정을 이수하고 나니 그 성취감은 큰 자부심을 안겨 주었고, 그 이후에 블로그는 24시간 홍보실장 역할을 톡톡히 하며 '올리브트리영어'를 홍보해 주고 있다. 뿐만 아니라 새로운 수업을 오픈할 때 블로그를 통해서 수업을 안내하고 원생을 모집하면 블로그 이웃으로 있던 잠재 고객들이 신청을 하게 된다. 블로그가 탄탄해진 지 1년만에 블로그를 통해서 원생 모집이 가능해졌다. 또한 나의 블로그는 각종 행사를 개최할 때 다른 영어 교습소 및 학원 원장님들까지도 블로그를 통해서 모임을 신청하는 플랫폼과 같은 역할도 한다.

블로그 시작이 막막하고 부담스럽다면 일단 아이들과의 수업 후기를 작성해 보는 것이 어떨까 한다. 아이들 얼굴 노출이 부담스럽다면 스티커로 가리더라도 아이들과의 수업 내용을 사진과 함께 조금씩 작성해서 올리는 것만으로도 자신 있게 수업하고 있다는 것을 알릴 수 있다. 그렇게 블로그는 홍보 역할을 하게 된다.

블로그 작성이 습관이 되려면 시간을 정해서 써야 한다. 나는 처음에는 필 받을 때마다 쓰곤 했다. 그러다가 영어 교육에 대한 어떤 질문이 들어오거나 나의 관심사, 내가 지향하는 교육적인 내용을 소재로 하여 조금씩 쓰기 시작했다. 하지만 요즘에는 시간을 정해서 아침에 쓰고 있다. 머리가 제일 맑을 때 쓰는 것이 좋다. 이 책을 쓰고 있는 지금도 아침 시간이다. 요일을 정하거나 시간을 정해 쓰다 보면 습관이 생기게 된다.

처음에는 일주일에 한 개 포스팅을 시작으로 교육적인 글과 일상의 글을 7:3 정도의 비율로 시작해 보자. 제목에 검색을 원하는 키워드를 작성하고, 내용을 정성껏 쓰면서 내가 타겟으로 하는 키워드를 세 번 이상 넣고 1,000자 이상, 사진 3장 이상가능하면 내가 촬영한 사진을 넣으면 네이버가 좋은 글로 간주해서 상위 노출이 가능하게 띄워 준다. 노벰버님의 코칭을 받으면서 이러한 스킬들을 훈련하여 내가 작성한 블로그 글들이 타게팅 검색어로 여러 차례 상위 노출이 되었다.

상위 노출을 원한다면 태그를 많이 달 것이 아니라 관련 키워드로 내가 도전해 볼 만한지 먼저 검색해 보고 글을 짜임새 있게 작성하는 것이 좋다. 블로그 마케팅 전문가의 강의를 수강하면 훨씬 고급스럽고 효율적인 블로그를 만들어갈 수 있다.

블로그는 교습소의 24시간 홍보실장이라는 별명이 잘 어울릴 정도로 한 번 글을 잘 작성해 놓으면 상담을 대신해 주는 역할도 한다.

일단 블로그에 교습소 이름과 간단한 교습소 소개 및 전화번호를 작성하고, 교습소의 장점에 대한 글을 쓸 것을 추천한다. 학부모님들이 오기 전에 이곳이 어떤 곳인지 한번 검색하고 올 수 있도록 교습소의 장점과 구체적인 필요 정보를 적어서 글을 써보자. 이때 수

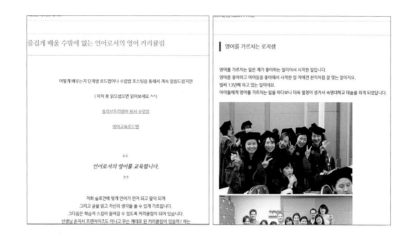

강료가 평균 학원비보다 저렴할 때는 공개하는 것이 좋다. 그렇지 않은 경우는 적지 않고 개인적으로 묻거나 방문 시에만 말씀드리는 것이 더욱 바람직하다.

교습소에 대한 글 다음으로는 원장 선생님의 소개 글을 써보길 추천한다. 아이를 맡길 때 학부모가 가장 궁금해 하는 부분이 바로 어떤 선생님일까이다. 자기 소개 글로 먼저 오픈하여 신뢰감을 준다면 믿음이 더욱 갈 것이다. 나의 경우, 어떤 때는 상담이 따로 필요하지 않은 경우도 있었다. 글을 읽고 선생님이라면 믿고 맡기겠다고 하신 분도 있었기 때문이다.

간판을 보거나 소개를 받고 오시는 분은 영어 교습소 이름을 찍어서 바로 들어오기도 하지만, 소개가 아닌 검색을 통해서 등록시킬 수 있는 방법은 '키워드'를 통하는 것이다.

이것은 해시태그#, hash tags가 아닌 점을 미리 말씀드린다. 해시태그를 많이 넣어야만 검색에 많이 노출될 것으로 생각하는 분들이 많다. 그런데 해시태그는 해당 단어의 블로그 간 이동으로 연결되기 때문에 학부모가 나의 글을 잘 읽다가 같은 해시태그의 다른 블로그로 넘어갈 수도 있다.

그렇다고 해시태그를 아예 넣지 않아도 안 된다. 해시태그가 전혀 없으면 다른 블로그에서 넘어 올 수 있는 가능성도 없애버리기 때문에 3~5개 정도의 해시태그가 좋다.

키워드는 인근의 초등학교, 영어 교습소, 영어 학원 등으로 학부모가 검색할 만한 단어를 넣는다. 예를 들어 '중대초등학교영어학원', '초1영어학원', '송파동영어원서학원' 등과 같이 구체적으로 제시할 필요가 있다. 그리고 키워드는 제목에 반드시 들어가고, 본문 안에 3회 이상 자연스럽게 들어갈 수 있도록 한다. 글은 1,000자 이상 작성하고 자신이 직접 찍은 사진 5매 이상과 동영상 1개 이상이 들어가면 검색 순위가 상위로 노출될 가능성이 커진다.

그다음으로는 차츰 수업을 진행하면서 어떻게 수업하는지에 관한 후기 글을 자체적으로 작성할 것을 추천한다.

예 : 7세 파닉스 수업 5개월만에 글을 읽다.

예 : 중학 2년 기말고사 100점 맞았어요.

이런 식으로 학부모 입장에서 궁금할 수 있는 결과나 수업 내용이 포함된 제목을 뽑아서 하나씩 글을 써두면 잠재 고객의 마음을 살 수 있다.

블로그는 어떤 스킬보다도 콘텐츠가 가장 중요하다는 것은 원장님들께서는 잊어서는 안 된다. 수업 내용이 어떤지, 어떻게 수업하는지 글을 잘 써보시길 권한다. 다만 요즘에는 아이들이 얼굴 노출을 좋아하지 않는 경향이 있어서 얼굴이 노출되지 않도록 주의해야 한다. 학부모의 허락을 받아 올릴 수도 있다. 그러나 얼굴을 가리면 아이들의 생기 있는 표정도 감추어지므로 가능하면 얼굴이 그대로 나올 수 있으면 좋다.

그다음으로는 학원 색깔에 맞는 교육적인 글을 올릴 것을 추천한다. 원장님의 교육 철학을 어필하면 경향이 맞는 학부모들이 찾아올 수 있는 강점이 있다. 그리고 교육적인 글이 학부모에게 도움이 될수록 고객이 될 확률도 높아진다. 이왕이면 교육적인 글을 통해 많은 사람들이 유입될 수 있도록 키워드를 잘 타게팅해야 한다.

예를 들면 '엄마표영어'라는 키워드는 너무 많다. 아무리 글을 잘 쓰고 오래된 블로그여도 파워 블로그 및 이미 상위에 점령된 글들로 인해서 묻히게 될 가능성이 크다. 빈틈을 공략할 수 있도록 더 구체적으로 작성해 보라. 필자는 '엄마표영어 주의사항'이라는 키워드로 네이버 검색 상위 첫 번째에 올라갈 수 있었다.

그리고 검색 키워드 중 어떤 것 좋을지 알기 원한다면 '네이버 검색광고'에 들어가서 네이버 아이디로 로그인 후 개인 광고주로 가입하여 네이버광고 검색을 시작할 수 있다.

더욱 구체적인 블로그 활동 전략은 〈작은 학원 마케터 그래서노벰버님〉이 운영하시는 〈작은 학원 홍보 마케팅 공작소〉 카페 및 〈그래서노벰버님〉 블로그를 통해 코칭을 받을 수 있다.

지금은 블로그뿐 아니라 인스타그램도 시작했다. 최근 블로그를 보는 엄마들보다 인스타그램을 하는 엄마들이 더 많아지고 있다. 홍보를 하려면 사람들이 모여 있는 곳으로 가야 한다. 인스타그램은 아직 익숙하지 않지만, 계속하려고 하는 이유는 타겟을 확실히 정해서 광고가 도달하도록 해주는 인스타그램 광고가 훨씬 효율적이라고 생각하기 때문이다. 30대에서 40대 여성 고객, 서울의 송파구, 이런 식으로 지역과 타겟층을 확실히 좁혀 주기 때문이다. 광고비도 전단지에 비해 훨씬 저렴하다. 오히려 아파트 전단지나 30만 원 이상 주고 하는 유료 광고는 훨씬 비싸고 효과도 미미하다. 게다가 내가 시간을 들이고 발품을 팔아야 한다.

자녀 교육 특히 영어 교육의 특성상 광고한다고 아이를 보내거나 관심 있어 하는 학부모들은 별로 없다. 오히려 주위의 지인들로부터 정보를 얻거나 직접 검색하여 정보를 수집한다. 우리가 하려는 사업은 유명한 대형 영어 학원이 아니라 상대적으로 알려지지 않은 소규모 영어 교습소이기 때문에 직접 알리는 온라인 광고 및 SNS 활동이 반드시 필요하다. 지역 맘까페에 홍보하거나 무료 재능 기부 수업 등을 통해서 알리는 방법도 있다. 코로나19 이후에 온라인에 사람이 크게 늘었다. 온라인 홍보 하나만 제대로 해도 충분한 홍보가 될 수 있다.

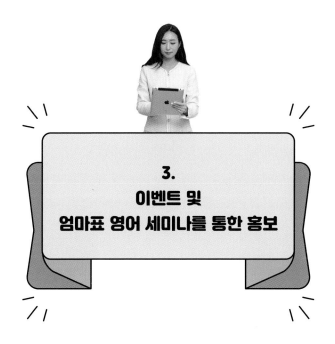

3.
이벤트 및
엄마표 영어 세미나를 통한 홍보

　온라인만으로도 한계가 있다면 이벤트를 통해 홍보도 하고, 학원 호감도도 올려 보자. 초창기 아이들 모집으로 고민하던 시절에 머리를 굴리고 또 굴려서 "내가 잘할 수 있는 게 뭘까?" 고민하다가 원생들을 위한 이벤트를 겸해서 외부 친구 초청 행사를 열게 되었다. 이벤트는 체력도 소모되고, 준비할 사항도 많아서 쉽게 덤벼들만한 영역은 아니다. 하지만 그런 어려움에도 불구하고 이벤트는 매력적인 부분이 많다. 교습소 내의 아이들도 즐거워하고, 학부모들도 고마움을 느낀다.

작은 이벤트로 기쁨을 주자

기존의 원생들이 친구를 초청하면 5,000원 정도의 입장료를 받았다. '쿠킹 데이', '할로윈 데이', '땡스 기빙 데이'를 하면서 게임도 하고, 만들기도 하고, 간식도 먹게 된다. 그 외에도 '파자마 파티', '팥빙수 데이', '플리마켓 데이', '무비 데이', '책 읽고 피자 만들고 악기 만들기 행사' 등도 열었다. 아이들이 즐겁게 시간을 보내고 가면 행사 후 바로 바로 등록은 안 하더라도 나중에 때가 되면 등록을 하거나, 소개를 시켜주거나 해서 원생을 모집하는 계기가 되었다.

이런 이벤트를 열면 영어를 재밌게 배우는 곳으로 소문이 나서 교습소에 대한 호감도가 상승하게 된다. 원내 행사를 통해 홍보 효과도 보는 것이다. 아이들에게 좋은 마음으로 행사를 열어 주면 충분한 대가로 돌아오는 것을 경험했다. 2019년 겨울 크리스마스 파티도 영어 단어 골든벨 게임과 컵케이크 만들기, 그리고 팝송 콘테스트 등의 프로그램으로 진행했다. 이때 아이들은 너무나 행복해 했고, 그 결과 새로운 원생 등록 수치도 올라갔다. 형이나 오빠를 따라온 아이들이 많이 등록했다. 이런 걸 보면 아이들에게 하는 건 뭐든지 남는 장사라는 생각을 하게 된다. 이벤트를 하는 것은 힘들기도 하지만, 아이들이 행복해 하는 것만 봐도 즐겁다.

어떤 원장님은 말씀하시길 "행사를 할 때마다 교사의 뼈를 갈아 넣은 것처럼 체력이 요구되는데…, 로지쌤은 갈아 넣을 뼈가 많은가 봐요. 마늘 주사 맞고 누워 있어야 하는 거 아닙니까?"라고 하셔서 함께 웃었지만, 사실 필자는 체력이 약해서 행사 끝나면 한동안 누워 있어야 한다. 한약도 먹고 링거도 맞는다. 이벤트를 여는 것은 힘든 일이지만, 아이들이 좋아하고 결과도 좋아서 매번 하고 있다. 코로나19 이전에는 꼬박꼬박 이벤트를 진행했는데, 최근 들어서는 행사를 못하고 있다. 아쉬운 마음에 수업 도중 '팥빙수 데이'를 진행했다. 잠깐의 행사였지만 아이들은 좋았다고 한다. 나처럼 하는 이벤트가 너무 힘들다면 교습소 내의 '마켓 데이'만으로도 충분할 것이다.

아이들이 즐거워할 생각에 기쁜 마음으로 준비하는 것이다. 물론 조금 귀찮지만 정말 즐거운 파티를 한다고 상상하고 주문을 걸어 본다. 어린아이들은 내게 귀한 손님이라고 생각하면서 말이다. 그렇게 하다 보니 습관처럼 주기적으로 하게 되고, 매번 이전보다 더 업그레이드된다. 그러다가 새로운 아이디어가 떠오르면 아이들이 어떻게 반응할지 궁금해진다. 조금 서투르면 어떤가? 한 번 시작해서 몇 번 해 보면 나만의 노하우가 생겨날 것이다.

엄마표 영어 교육 세미나

최근 아이들을 위한 이벤트가 아닌 어른들을 위한 이벤트로 '엄마표 영어 교육 세미나'를 하게 되었다. 우연히 하게 된 이 세미나가 향후 나에게 새로운 길을 열어 주었다. 현재 쓰고 있는 이 글은 바로 '엄마표 영어 교육 세미나'로부터 비롯된 것이다. 이 세미나를 시작한 것은 작은도서관을 시작하게 되면서였다. 현재 작은도서관은 폐관하였지만, 그 당시에 항상 생각해 오던 비욘드 교습소 즉, 교습소 그 이상의 일을 하고 싶다는 마음에서 〈세계동화작은도서관〉을 운영하시는 정소영 관장님을 따라서 작은도서관을 구청에 등록하게 되었다.

작은도서관의 취지는 지역에 좋은 영향을 주기 위한 것이다. 도서관의 첫 행사로 무엇을 할까 고민하다가 엄마들을 대상으로 영어 교육 로드맵과 원서 영어 교육에 대한 이야기를 해 주자고 마음먹은 것이 첫 번째 시작이었다. 즉 교습소 홍보보다는 지역사회를 위한 봉사와 재능 기부 차원에서 시작한 것이었다. 맘까페에 홍보를 했더니 순식간에 10명의 엄마들이 모집되었다. 그렇게 3차에 걸쳐 교육을 실시했다. 파닉스 티칭법과 그림책 수업 방식, 리더스·챕터스·학습서까지 교습소 전체 커리큘럼과 수업 내용을 그대로 오픈했다. 엄마들의 몰입도도 너무 좋았고, 뜨거운 열정마저 느낄 수 있었다.

그렇게 1기 세미나를 마치고 나니 아이들이 아닌 어른들을 대상으로 한 강의에도 자신감이 생겼다. 사실 사람들 앞에서 말할 때 긴장하고 떠는 스타일이라 걱정도 되었고, 아이들도 아닌 엄마들을 상대한다는 데 대한 두려움도 있었다. 그러나 그 두려움을 이미지 트레이닝으로 잘 넘기고 나니 그 이후에는 자신있게 강의할 수 있었다. 엄마들의 만족도도 좋았고, 그 세미나로 인해 좋은 인연도 만나게 되었다. 현재까지 두터운 신뢰를 보여 주는 공부방 원장님들을 비롯한 동료를 얻을 수 있었다.

그 세미나 후기를 블로그에 올렸더니 전라도 고창에서 한 분이 전화를 주셨다. 선생님들을 위해서 그런 세미나를 열어 주시면 안 되겠느냐는 것이다. 그 전화를 계기로 무슨 용기가 생겼는지 공부방, 학원장 카페에 홍보하여 〈프랜차이즈 없이 창업하는 영어 교습소 원서 교육 세미나〉를 〈세계동화작은도서관〉의 정소영 관장님과 함께 열게 되었다. 전국에서 8명의 선생님들이 모였다.

그 모임은 이후 현재의 교사교육모임인 SEEDthe Study for English Education Development로 발전되어 매년 봄, 여름, 가을, 겨울마다 정기적으로 원서 영어 교육 모임으로 진행되고 있으며, 네이버 밴드도 운영 중이다. 그때 참석했던 원장님들 중의 한 분은 공부방을 오픈한 지 한 달된 시점이었는데, 세미나의 내용을 스폰지처럼 빨아들여 공부방에 적용하셨다고 한다. 이름도 올리브트리와 비슷하게 하시고, 반이름과 커리큘럼도 거의 다 비슷하게 적용해서 원서 영어와 소리 영어 공부방으로 현재까지 안정적으로 운영하고 계신다.

엄마표 영어 교육은 7기까지 계속되었다. 그로 인해 좋은 인연을 맺은 어머니들은 자녀를 보내 주기도 하시고, 지인을 소개시켜 주기도 하셨다. 그렇게 교습소 등록으로도 이어졌고, 여기서 인연을 맺은 어머니들은 고객이 아닌 세미나의 제자들이었기 때문에 선생님으로서의 존경과 감사를 표현해 주면서 좋은 관계를 맺고 있다. 그러니 나로서는 크게 남는 장사를 한 것이다.

엄마표 영어 세미나를 지속했던 동기는 어머니들이 생각보다 원서 영어 교육에 대해 잘 모르기 때문에 정확한 정보를 알려 드리고자 하는 마음이었다. 영어 교육 정보의 홍수 속에서 수많은 정보를 접하지만, 제대로 이해하고 있는 학부모들은 많지 않다. 자녀 교육 시 이건 꼭 알았으면 좋겠다는 마음으로 교습소 등록과 상관없이 많은 내용을 알려드리고, 가지고 있는 자료며 정보를 아낌없이 퍼드렸더니 큰 도움을 받으셨다고 좋아하시고 고마워하셨다. 그리고 입소문을 잘 내주시니 교습소 홍보 효과도 나면서 보람되는 일이었다.

조금의 여력이 있다면 좋은 것을 나누고 도와준다는 마음으로 작게라도 학부모 대상 교육을 시작해 보길 권장한다. 생각보다 좋은 결과로 돌아올 것이다. 학부모 모집이 걱정이라면, 내가 있는 곳에서부터 시작해 보시라. 재학생 학부모 교육이나 블로그를 통해 모집하면 된다. 곧 잠재 회원들이 모습을 드러낼 것이다. 학부모와 좋은 인연을 만들어 가는 것 자체로도 좋고, 학부모 영어 공부 모임이나 후속 모임도 만들어 가면서 가진 능력을 최대한 발휘해 보자.

4.
학부모 설명회

　돌려 말하지 않고 본격적인 의도를 드러내어 등록하게 하는 것은 학부모 설명회를 통해서 할 수 있다. 북치고 장구치고 해야 사람들이 모인다. 내 교습소에 들어 오라고 직접 홍보해서 다수의 학생이 한꺼번에 현장 등록하게 하는 것으로는 설명회만 한 것이 없다. 개인적으로 학부모 설명회를 4번 개최하여 3번의 실패 끝에 4번째에 성공을 하게 되었다.

　내가 생각하는 실패의 원인은 다음과 같다.

01. 경험 부족

02. 두려움

03. 정확한 목적성과 타게팅 실패

하지만 이러한 실패는 모두 성공의 자양분이 되었다. 첫 번째 설명회는 광고하기도 두려웠다. 이전에 상담하러 오셨던 두 분을 모시고 진행한 상담 같은 설명회였다. 한 분은 등록하셨지만 곧 나가셨다.

다시 제대로 된 설명회를 해 보고자 외부 강사를 초빙하여 〈기적의 학습법〉 특강을 열고, 특강 후에 학부모 설명회를 하는 식으로 두 번째 설명회를 진행했다. 아는 학부모의 인맥으로 놀랍게도 〈기적의 학습법〉을 듣고자 열다섯 분이 오셨으나 기적의 학습법 강의가 끝나자 대부분 나가 버렸다. "안녕하세요. 제가 원장입니다." 소개하고 학원 설명을 하는데, 어찌나 떨리는지 아무런 기억이 나지 않았다. 다행히 경력이 많으셨던 교회 집사님 한 분이 오셔서 엄마들을 응대해 주셨고, 나는 자녀의 영어 교육을 어떻게 했는지 설명하고 엄마들의 궁금해 하는 점에 대해 답변하는 식으로 설명회 자체는 잘 마무리가 되었지만, 등록한 학부모는 없었다.

세 번째 설명회는 그 다음해에 원서 영어 수업 전문 원장님을 모시고 〈우리 아이 영어 교육 어떻게 할까요?〉라는 주제로 원서 영어 수업 부모 교육에 이어 설명회도 함께 열었다. 우리 학원도 원서를 활용한 수업을 하고 있기 때문에 재원생들 학부모 교육도 겸해서 신규 설명회를 열게 된 것이다. 생전 처음으로 PPT를 통해 교습소 커리큘럼을 소개하고 학부모 모집을 진행했다. 재학생 학부모를 포함하여 8명이 참여했는데, 이 중 신규는 한 사람이었다. 그래도 재학생을 대상으로 하여 커리큘럼을 소개하면 교육 방법에 대해 이해도 하고 입소문을 내줄 것으로 믿고, 간식도 준비하고 최선을 다했다. 필자 스스로는 커리큘럼에 대한 자신감도 있었고, 나름 발표도 잘했고, 재학생 부모님으로부터 칭찬도 받았지만, 결과적으로 신규 등록은 없었다.

뒤돌아보면 신규 학부모들을 대상으로 했어야 했고, 학부모 설명회에 대한 스킬이 부족했던 것 같다. 그리고 혼자 진행하는 것이 두려워 외부 전문가를 초빙하여 진행한 것도 실패의 원인이었다. 학부모 설명회는 그야말로 원생 유치라는 명확한 목적을 가지고 본격적인 영어 교습소 소개에 올인하여야 하는데, 두 가지 목적을 가지고 하니 필자의 의도와는 달리 학부모를 대상으로 한 서비스 강의 정도로 끝나버린 것이다.

세 번의 실패 후에 '학부모 설명회는 아무 성과가 없구나. 노력한 것에 비해 돌아오는 것이 없구나. 오히려 상담으로는 등록이 잘 되는데, 앞으로 학부모 설명회 따위 절대로 안 하겠다.'고 마음먹었다.

그러다 성공하는 학부모 설명회에 대한 힌트를 얻은 것은 마케팅에 조금씩 눈을 뜬 블로그 코칭 이후 〈작은 학원 마케터 그래서노벰버님〉을 따라서 현장 등록을 유도하는 마케팅 스킬을 깨닫고 나서이 다. 학원장 단톡방에서 다양한 설명회 노하우의 힌트를 얻고 실행하기 시작했다. 마침 교습소를 이전했기 때문에 본격적으로 교습소를 알려야겠다고 생각하다가, 이번에는 반드시 성공하는 학부모 설명회를 열어보자고 결심했다.

이번에는 학부모 설명회는 한 달 전부터 기획했다. 광고를 어떻게 할까 고민하고 먼저 설명회 전단지를 제작했다. 창업 초기에 했던 것처럼 근처의 아파트에 전단지 광고를 하고 초등학교 앞에서 전단 지를 돌렸다. 엄마들에게 인사를 하고 즉석에서 교육 상담도 했다. 그리고 교습소 앞의 철 배너에 설명회 광고를 게시했다. 이 철 배너 는 이전하면서 설치했는데, 시시때때로 홍보 효과를 보고 있다. 배 너의 내용만 바꾸면 되니 가격도 1만 원대로 홍보할 수 있다. 그렇게 아웃바운딩 홍보를 하고 인바운딩으로 블로그에 안내문 게시 및 인 스타그램을 통해 타겟팅을 한 유료 홍보도 진행했다. 맘까페도 이용 할 수 있었지만, 송파 지역의 맘까페 기준이 까다로워서 선뜻 내키 지 않았다. 그래서 맘까페는 제외하고 자체 광고만 진행했다. 그 결 과 9명의 신규 어머니들이 신청했다. 그렇게 많이 모인 숫자는 아니 지만, 모두 신규이기 때문에 적은 숫자라고 하기도 어려웠다. 목표 한 숫자는 7명이었는데, 목표를 초과 달성한 것이어서 기분이 무척 좋았다. 이전하고 3개월 정도 지난 시점이어서 여기저기 떠보려고 온 학부모들은 이전에 다 걸러진 상태였다. 그렇게 진짜로 등록할 분들과 관심 있는 분들만 신청한 것이다.

학부모 설명회 날짜가 가까워지자 본격적으로 설명회를 위한 PPT를 만들고, 그동안 아이들이 내온 성과나 결과물 영상도 첨부했다. 구체적인 커리큘럼뿐만 아니라 앞부분에는 영어 교육 로드맵과 같이 부모님들이 알아야 할 교육 내용도 넣었다.

이제 더 이상 학부모 설명회를 할 때 긴장하거나 떨지 않는다. 내용 자체에 몰입해서 설명하다 보면 나도 모르게 자신감 넘치게 이야기하고 있는 나를 발견한다. 이 내용은 나보다 잘 아는 사람이 없을 것이라는 자신감을 가지고 진행하다 보니 다소 건방져 보였을 것이다. 어쨌든 그러한 자신감으로 커리큘럼을 설명하니 학부모들이 더욱 신뢰를 보여 주는 것 같았다. 학부모 대부분이 소리 영어가 생소한 분들이어서 소리 영어의 이론적인 기반과 학습 결과가 어떻게 나오는지, 그리고 아이들이 실제로 영어로 말하는 영상을 보여 드렸다. 어머니들 눈빛이 조금씩 달라지는 것을 느낄 수 있었다.

드디어 가장 중요한 마무리 시간이다. 학부모들의 마음을 샀더라도 거기서 끝내버리며 나중에 등록하라고 하면 절대 안 된다. 현장 할인을 파격적으로 해 주면서 시간표를 드리고 바로 등록할 수 있게 유도했다. 그렇게 해서 그날 그 자리에서 7명이 등록했다. 체험 수업이니 따로 진행하는 개인 상담이나 테스트까지 하지 않아도 바로 당일에 7명의 신입 원생을 받을 수 있었다.

그날의 감격이 나에게는 아직도 생생하다. 사실 한 달 동안 학부모 설명회를 준비하면서 그동안 실패했던 기억으로 인해 '또 실패하면 어떻게 하지'라는 불안감과 다시 아웃바운딩 홍보를 하면서 체력적으로도 한계가 와서 번아웃될 것 같았다. 하지만 그렇게 학부모 설명회를 성공적으로 이뤄내면서 원생 수가 40명을 넘어서게 되었다.

좋은 일들은 한꺼번에 온다고, 좋은 보조 선생님도 오시게 되었다. 프로그램이 탄탄하다는 입소문이 조금씩 나면서 원생은 50명을 넘어섰고, 좋은 학부모들, 좋은 학생들과 수업하고 있다. 단 한 번의 성공적인 학부모 설명회가 많은 것을 안겨주었다. 그동안의 실패를 보상이라도 하듯이 나에게는 한 걸음 더 도약할 수 있는 발판이 되었다.

part 03

언어로서의 영어

지금부터 나의 영어 교육 방식과 노하우를 이야기하겠다.

"올리브트리영어는 어떤 방식으로 가르치나요?"

이런 질문을 받으면 가장 먼저 나오는 나의 대답은 이러하다.

"언어가 되게 가르칩니다. 영어를 자신의 말로 표현하고 글로 쓸 수 있는 것을 목표로 합니다."

일단 언어적 기반이 다져지면 학습적인 부분은 따라온다고 덧붙여 설명한다. 그리고 원서 영어 수업을 받은 아이들이 책 내용을 영어로 줄줄 말하고, 영어 질문에도 바로바로 대답하는 모습과 토론 수업을 진행하는 영상을 보여드리면 어머님들의 표정이 의심에서 확신으로 바뀌는 것을 볼 수 있다.

올리브트리영어 수업의 특징은 원서 정독 수업을 기반으로 하되, 워크시트나 문제 풀이는 거의 없애고 말하기와 글쓰기를 중심으로 아웃풋 훈련을 하고, 다독과 소리 영어를 통한 유창성 강화로 원어민 못지 않게 제2외국어로서 영어를 유창하게 구사하도록 하는 데 있다. 수업의 비율도 원서 영어 한 시간, 소리 영어 한 시간씩 기본 두 시간 진행하고, 가정에서도 온라인 독서 및 영상 시청과 책 읽기 등으로 주 2~3회씩 2년에서 3년 정도 하면 영어 공부에 습관이 들어 큰 스트레스 없이 원하는 결과를 얻을 수 있다.

이어서 원서 영어 교육의 기본 토대와 방향성부터 각각의 단계에 맞는 수업 내용과 커리큘럼까지 상세히 풀어보겠다.

1.
왜 언어로서의 영어인가

마이클 폴러니 교수는 처음으로 암묵지^{暗默知}, 명시지^{明示知}를 언급하신 분이다. 그 분은 모든 지식에는 암묵적 지식과 명시적 지식이 있다고 말씀하셨다.

암묵적 지식은 개인이 체득적으로 알고 있는 노하우를 말한다. 우리가 말할 수 있는 것보다 경험적으로 알고 있는 것이 많다. 예를 들어 자전거 타는 법을 몸으로 익힌 것을 암묵지라고 할 수 있다.

명시적 지식은 체득적 지식을 명시화·문서화한 것이다. 예를 들면 '자전거 타는 법 첫 번째, 두 번째'하는 식으로 문서로 읽고 말할 수 있는 것이다.

이 두 가지 지식은 서로 다르지만 마치 빙산의 모습과 같다고 한다. 빙산의 일각으로서 눈에 보이는 표면적인 부분이 명시적인 지식이고, 그 빙산 아래쪽 거의 모든 부분은 암묵적 지식이라고 한다. 그래서 암묵적 지식이 선행되어야 하지만, 명시적인 지식이 중요하지 않다고 할 수는 없다. 어떤 면에서 지식을 널리 보급할 때에는 명시적 지식도 중요한 역할을 한다. 하지만 어떤 지식을 배울 때에는 암묵적 지식을 먼저 습득하는 것이 더 확실하고 빠르다고 한다.

영어도 마찬가지이다. 영어라는 언어 자체는 글이 생기기도 이전에 누군가가 주고받던 말이었고, 그것이 명시화되면서 언어 시험이 생기고, 학교에서 배우는 한 과목으로 자리매김하게 된 것이다. 그런데 한국에서는 영어를 오랜 세월 동안 명시적인 지식, 곧 과목으로서 배워왔다. 시험 과목으로서의 영어 교육은 성공했는지 모르겠지만, 언어로서는 성공하지 못했다. 영어 시험을 잘 본다 한들 외국인을 만나면 말을 잘 할 수 있겠는가?

이미 20년 전부터 조기 유학 열풍이 불고 영어 유치원과 원어민 교사 열풍이 불어왔다. 그러나 대학 등록금 못지 않는 어마어마한 금액을 지불했음에도 아이들은 언어로서의 영어 능력을 체득하지 못했다. 언어 능력은 단순한 영어 회화 능력과 다르기 때문에 원하는 정도의 언어 능력을 키우기 위해서는 비용 이외에도 많은 노력이 들어간다. 영어의 완성은 끝없는 숙제가 되었다. 그러나 우리나라 사람들만큼 영어를 향한 어마어마한 열정과 사랑을 가진 민족이 있으랴! 태생적으로 영어를 잘하기 어려운 언어적 구조를 가졌음에도 영어에 대한 열정만큼은 세계 최고이다. 게다가 대한민국 엄마의 힘은 어떠한가?

순수 토종이지만 엄마표영어로 잠수네며 솔빛이네며 집에서 영어 책과 시디만으로 귀 트이고 입 트이고 언어 능력이 키워지는 아이들이 나오면서 엄마표영어 센세이션을 일으켰던 시절이 있었다. 현재도 엄마표영어를 많은 분들이 실천하고 있지만, 그것의 성공에는 엄마의 희생과 헌신, 아이의 노력이 뒷받침되었다는 것을 잊어서는 안된다. 나아가 끊임없는 영어바라기 환경을 마련해 주어야 하므로 쉽지 않은 길이라는 이야기가 더 많이 들린다.

필자 역시 5년 전 처음 영어 교습소를 창업하여 아이들이 언어적인 습득을 통해 영어를 잘할 수 있게 되길 꿈꾸면서 원서 영어 교육을 시작했다. 원서 영어 위주로 수업하다가 애니메이션을 따라하는 방식인 소리 영어도 추가하였지만, 본질인 언어로서의 영어를 교육하는 데는 변함이 없다. 5년이 되니 아이들이 영어로 자기 생각을 말하고 쓰기 시작한다. 제법 아이들의 영어 성공에 기여하면서 나만의 노하우와 지식이 생겼다. 어떻게 하면 영어의 언어적 능력을 키울수 있을 것인지에 관한 암묵적 지식을 갖게 되었는데, 그것을 명시적 지식으로 표현해야 할 필요성을 느끼고 이렇게 책을 쓰고 있다.

영어의 언어적인 능력이 트이니 시험이나 입시는 더 쉬워졌다. 시험 유형에 익숙해지도록 유도하고 시험에 대비하는 수업만 조금 더 진행하는 것으로 충분했다. 그것은 이미 아이들에게 중학교 듣기평가와 고등학교 시도교육청 듣기평가를 보게 한 결과로써 증명했다. 귀가 이미 뚫려 있는 아이들은 시험 공부를 많이 하지 않아도 좋은 성적을 거두었다. 언어로서의 영어가 선행되어야 한다는 것이 이렇게 증명되었다.

초등학교 저학년 때부터 힘들게 단어 100개씩 외워 단어 시험 보고 문법 시험 보고 할 필요가 없다. 오히려 저학년 때부터 그렇게 한 아이들이 훨씬 빨리 지치고, 영어를 싫어하며, 영어책 읽기마저도 거부한다. 언어적인 소통이 어려운 것도 그런 이유에서이다. 이렇게 안타까운 일들을 교육 현장에서 자주 본다. 내가 있는 곳은 강남 3구 중 한 곳인 송파 지역이다. 교육열이 높은 곳 중에서도 높은 곳이어서, 대형 어학원도 많고 강남의 대치동까지 버스로 등·하원하는 아이들도 많다.

이런 입시 위주의 경쟁적 환경에서 느긋하게 원서 영어 수업을 진행하는 학원들은 문을 닫기도 했다. 물론 원서 영어 교육을 하는 선생님들도 많지 않다. 원서 영어 교육을 꺼리는 이유는 여러 가지가 있겠지만, 입시 영어 교육에 비해 수요도 많지 않고 아웃풋이 명확하게 나오지 않으며, 늘 연구해야 하는 수업 방식이어서 수업을 준비하는 입장에서는 부담스럽기 때문일 것이다. 내가 영어 원서 교육을 하는 교습소를 한다고 했을 때 접으라고 직언하셨던 분 역시 입시 영어를 하면 찬성하시겠다고 하셨다. 그만큼 우리나라에서는 아직도 영어를 언어 그 자체보다 과목으로 더 대우해주는 것 같다.

하지만 입시 영어 선생님들도 부모가 되어 자신의 아이를 가르치고 엄마의 마음으로 아이들을 바라보게 될 무렵이면, 기존의 티칭 스킬이 좋지 않다는 것을 깨닫고 원서 영어 수업으로 전향하기도 한다. 또 원서 영어 교육의 힘을 알고 계시는 분들이 조금씩 늘고 있어서 희망을 가지게 된다. 요즘 스마트한 학부모들은 아무리 입시 위주의 학습법을 원하셔도 영어로 해리포터는 읽었으면 하는 로망은 누구나 가지고 있는 것 같다.

점점 세계화되어 가고 있는 지구촌 분위기와 코로나19 상황으로 위상이 높아진 한국에서 영어로 자유자재로 의사소통하는 것에 대한 욕망과 동경은 누구나 가지고 있지 않은가?

최근 '영어 원서 읽기'의 열풍이 불고 있다. 많은 학부모님들이 관심을 가지고 있으며, 또 열정을 보이고 있다. 필자가 원서 영어 교육을 시작할 당시에는 원서 영어 교육에 대한 호불호가 강해서 원서 영어 교육 상담을 위해 따로 찾아오시는 분들도 있었다. 하지만 또 어떤 경우에는 책을 읽힌다고 하면 굉장히 고전적인 방식으로 취급하거나 '이래서 공부가 되겠어?'하는 의심의 눈초리를 잠재우기 위해 부모님들을 설득하기까지 했었다. 현재는 비교적 많은 분들이 영어책 읽히기가 좋다는 것을 인식하고 계신다. 이것은 영어책에 대한 정보가 책과 미디어를 통해서 전해지고 아이들의 학습 결과를 본 사람들이 많다는 증거가 아닐까. 예전에는 보기 드물었던 '원서 읽히기' 방식의 영어 공부방, 교습소, 학원이 전국적으로 늘어나고 있다.

원서 영어 교육이란 과연 무엇인가? 본질적으로는 '영어책 읽히기'라고 할 수 있다. 영어책을 가정에서도 읽힐 수 있는데도 불구하고 영어 교습소나 학원으로 아이를 보내는 이유는 다음의 몇 가지로 정리할 수 있다.

- ☺ 영어책 읽히기가 쉽지 않다.
- ☺ 어떻게 읽혀야 할지 모르고 원서의 종류 및 수많은 정보를 따라잡아 공급할 자신이 없다.
- ☺ 영어책을 통해 최상의 결과를 내려면 체계적으로 관리할 수 있는 시스템을 가진 학원과 전문적인 교사가 있어야 한다.

필자는 원서 영어 교육은 향후에도 지속적으로 수요가 있고 전망 또한 좋을 것으로 예측하고 있다.

원서 영어 교육의 장점을 정리하면 다음과 같다.

☺ 인터넷에서 자유롭게 자료를 구할 수 있다.

☺ 교사의 역량에 따라 다양하고 적절한 수업을 이끌어낼 수 있다.

☺ 아이들에게 다양하고 많은 책을 읽힐 수 있다.

그러나 그에 따른 다음과 같은 어려움도 있다.

☺ 교사의 역량에 따라 수업의 질적인 차이가 날 수 있다.

☺ 지속적인 수업 준비 및 자료 개발을 해야 한다.

☺ 원서의 공급이 수월하지 않다.

☺ 지속적인 도서 구입 비용이 발생한다.

☺ 매뉴얼화되지 않았고 평가 시스템이 완벽하지 않다.

보편적으로 사용되는 AR지수p.91 참조와 렉사일Lexile지수p.91 참조도 독자의 문해력까지 파악해 주지 못하고 완벽하지 못한 것은 사실이다.

이러한 문제점에 대해 적절히 잘 대응한다면 원서 영어 교육은 무엇보다 매력있는 교육 방법이 아닐까 생각한다.

요즘에 원서 영어 교육에 많은 사람들이 더욱 열광하기 시작하는 것 같아서 기쁜 마음이다. 영어 원서를 더 많이 우리나라 아이들에게 읽히고 싶고, 그러한 교육을 지향하고 소개해 주고 싶은 마음이다. 그런 면에서 원서 영어 교육의 전망은 청신호다.

"영어 원서를 통해서 언어로서의 영어를 교육합니다."

이것은 학부모들에게 아주 매력적인 문구라고 생각한다. 이 철학이 좋아서 강남의 학원에 다니던 아이를 보내 주시는 학부모님처럼 뜻이 맞는 부모님들이 '올리브트리영어'에 함께하고 계신다. 이것이 바로 내가 입시 경쟁 중심의 학원들 사이에서 살아남은 이유 중 하나이며, 앞으로 원서 영어 교육의 가능성을 입증해 주는 증거이다.

2.
영어 교육 로드맵

"영어는 언제 시작하는 것이 좋을까요?"

'영어 교육을 언제 시작하면 좋을까?'하는 고민은 자녀를 가진 학부모라면 누구나 하고 있을 것이다.

이 질문에 대한 필자의 답은 이러하다. 교과목으로서의 영어는 초등학교 때 시작되지만, 언어로서의 영어를 습득하기 위해서는 좀 더 어린 시기인 6세 또는 7세부터 파닉스 교육에 들어가도 괜찮다고 생각한다. 경쟁적인 교육 분위기 때문인지 우리나라에서는 남들보다 아이에게 일찍 공부를 시키려는 학부모들이 많다. 강남에서 영어를 가르칠 때는 생각했던 것보다 더 심했다. 18개월 짜리 영아와 영어 놀이 수업을 한 적도 있었다. 4세면 영어 놀이학교에서도 아이들이 뛰어 놀 나이인데, 꼼짝 않고 앉아서 영어 알파벳을 몇 시간씩 써야 한다. 아직도 이러한 분위기 속에서 자라는 아이들이 가엽게 느껴진다.

강남이 아니더라도 우리나라 부모들은 교육열이 넘쳐 5세만 되어도 그룹을 만들어 파닉스 공부를 시키려고 한다. 지난 해에는 한 할아버님이 전화를 하셔서 손녀가 영어를 너무 좋아하고 잘하므로 교습소에 보내고 싶다고 하시기에 몇 살이냐고 여쭤보니 4세라고 하셨다. 실제로 언어적인 카핑 능력은 유아기에 더 돋보이므로 5~7세 정도면 언어의 뇌가 열려 있는 영어 영재가 될 가능성이 있다. 하지만 북유럽에서는 7세 미만의 아이에게는 문자 교육을 금지하고 있다. 우뇌가 더 발달할 시기에 문자 교육을 통해 좌뇌에 자극을 주어 창의성을 저하시키는 것을 금지하고 있다.

그렇다면 우리는 몇 세에 아이들에게 어떤 식으로 영어 교육을 시켜야 할까?

문자 교육은 파닉스에서부터 시작된다. 많은 분들이 파닉스라고 하면 음가 교육이라고 생각하시는데, 음가와 문자를 연결하여 교육하기 때문에 문자 교육이 맞다. 글씨가 학습이 되어야 비로소 파닉스 교육이라고 할 수 있다. 음가 놀이는 phonics 음소 인식Phonemic

Awareness이라고 생각하면 된다. 가능하면 7세 이전에 많은 음소 인식을 해 주면 좋다. 영어라는 완전히 다른 소리를 익숙하게 받아들여 구분이 가능해졌을 때 파닉스 문자 교육을 시작하면 훨씬 익히기 쉽고, 힘들지 않게 파닉스를 완성하고, 사이트워드sightwords, 최빈출 단어. 책에서 자주 나오는 단어를 인지하고, 독립 읽기로 나아갈 수 있다. 파닉스를 공부하지 않아도 영어 놀이를 많이 해 주면서 음가 인식을 해 주면 7세 정도에 문자 교육에 들어가도 늦지 않다.

문자를 인지하고 학습할 준비가 되어 있는 시기에 영어 교육을 하면 영어 언어 능력이 모국어와 비슷한 수준이 될 수도 있다. 그래서 나의 제안은 7세 이전에는 영어 소리를 많이 들려주고, 영어 노래나 영어 영상에 하루 30분 정도 노출시켜 주라는 것이다. 영어 교육 시기에 대한 의견은 사람마다 다르겠지만, 언어로서의 영어 교육을 실천하면서 이론이 아닌 경험적으로 체득한 나름의 이유와 근거가 있다.

영어책도 모국어와 마찬가지로 연령대와 레벨에 맞추어 즐겁게 읽어 나가야 하는데, 영어를 늦게 시작한 아이들은 늦게 시작했기 때문에 읽을 수 있는 레벨의 책이 재미가 없다. 예를 들면 초등학교 3학년에게 레벨 1의 책을 읽히면 우리말 책의 수준만큼 재미를 느끼지 못한다.

초등학교 6학년 아이들과 챕터북 레벨 3 정도의 《매직트리하우스》를 읽은 적이 있다. 너무 유치하고 재미없다고 했다. 이미 초등학교 6학년의 언어 능력과 사고 능력은 그 이상이어서 아마 한글판 《해리포터》를 재밌게 읽고 있을 것이다.

결론적으로 영어책 즐겁게 읽기를 아이들의 수준과 레벨에 맞추기 위한 영어 교육 로드맵을 말씀드리면 아래 그림과 같다. 이 로드맵은 절대적인 기준도 아니며, 아이들마다 다르다. 이 로드맵은 아이들을 가르치면서 경험적으로 체득한, 그리고 나의 바람을 담아 만들어본 로드맵이라 상대적인 기준임을 미리 밝혀둔다.

영어 교육 로드맵

중학생	내신, 토론, 리딩 레벨 7까지 올리기, 발표, 수행평가, 문법
초등 6학년	레벨 5까지 올리는 시기, 어휘, 문법, 독해
초등 3학년	레벨 3 챕터스로 다독 · 다청의 시기. 의사 소통
초등 1학년	영어책 독립 읽기, 리더스 레벨 1, 2
6, 7세	문자 교육, 그림책, 놀이 영어, 융합 영어, 소리 노출

영어 문자 교육 시기는 모국어인 한국어와 마찬가지로 7세부터 파닉스를 시작해서 초등학교 1학년이 되면 어느 정도 혼자 책을 읽어가는 독립 읽기를 한 다음, 많은 책을 읽어나가서 임계량을 채우는 시기를 거쳐 초등학교 3학년이 되면 레벨 3까지는 올려야 한다. 초등학교 3학년과 4학년은 아이들이 가장 빛나는 시기이다. 차근차근 학습량을 쌓은 아이들이 아웃풋을 발현하게 되는 아름다운 시기이다. 선생님의 지도도 잘 따라오고, 지적 호기심도 충분해서 학습 역량이 적극적으로 발휘되는 시기이다. 고학년이 되면 관심사도 변하고, 사춘기도 올 뿐만 아니라 학습량도 크게 늘어나면서 중학교에 가기 전에 준비해야 할 것들이 많다.

따라서 책읽기에 가장 몰입할 수 있고 언어적 아웃풋 훈련을 잘할 수 있는 시기가 바로 초등학교 3~4학년 때이다. 그렇기 때문에 이 시기를 놓치면 절대로 안 된다.

그리고 고학년이 되면 언어적으로 말하기와 쓰기가 되는 상태로 학습적인 기량을 쌓아야 한다. 단어 외우기, 독해 문제 풀기, 문법 공부하기 등 헤쳐나가야 할 산들이 있다. 그래서 6학년이 되었을 때 레벨 6 이상이 되면 좋겠다. 웬만한 영어 뉴스나 영어로 된 영상은 자막 없이 보고, 영어책 읽기는 습관이 되어 언제나 원서로 책을 읽고, 일기나 에세이 주제글도 영어로 막힘없이 쓸 수 있어야 한다.

나의 영어 교육 로드맵은 중학생이 서술형으로 주제 발표하는 수행 평가에서도 A+를 받고, 교내 시험과 입학 시험에서도 높은 점수를 받아 원하는 고등학교로 진학하고, 고등학교 때는 대학 입시를 향해 달려가고, 대학에서는 전공 과목을 영어로 듣고 유학 준비도 어려움없이 하여 원하는 바를 이뤄갈 수 있게 하는 것이다.

실제로 앞의 로드맵p.74대로 진행된 아이들도 많고, 그 이상의 기량으로 나아가는 아이들도 있다. 물론 앞의 로드맵 단계에 못 미치긴 해도 자기만의 속도로 꾸준히 가는 아이들도 있다. 남들과 비교하지 말고, 어제의 나와만 비교했으면 좋겠다. 어제 우리 아이의 위치보다 좀 더 앞으로 나아갔다면 정말 잘한 것이라고 칭찬해줘야 한다.

앞의 로드맵은 절대적인 기준이 아니라 나의 주관적인 기준임을 밝혀둔다. 평균적으로 이렇게만 된다면 무난하게 언어적인 능력을 달성해 가고, 학습적인 영어도 원하는 바를 이루게 될 것이다.

3.
파닉스와 사이트워드

이제부터 앞에서 본 로드맵을 기준으로 해서 내가 아이들과 수업하는 노하우를 본격적으로 풀어본다.

영어 문자 교육을 파닉스부터 시작하기 전에 많은 영어 소리에 자연스럽게 노출되어 있다면 훨씬 수월하게 문자 교육을 할 수 있을 것이다. 영어 소리에 노출되었던 아이들과 처음 듣는 아이들의 차이는 파닉스라는 같은 출발선에 섰다고 해도 그 속도와 깊이에서 차이가 난다. 이제 문자 교육이 시작되어 A, B, C 26개 글자의 음가를 알게 되면 단모음을 연결하는 단어들을 배워간다. d/a/d dad를 연결해서 읽는 연습을 시킨다. 그리고 나서 Dad has a cat.의 문장을 읽게 되면 그런 문장들을 반복 연습한 다음 바로 이어서 사이트워드 학습으로 나간다.

파닉스 수업에서 단자음, 단모음, 복합자음, 이중모음을 차례대로 모두 학습하려면 6개월에서 길면 1년이 걸린다. 파닉스를 다 익혔다고 하더라도 아이들이 바로 술술 읽게 되는 것은 아니다. 많은 학부모님들과 선생님들이 오해하는 부분이 파닉스를 제대로 하면 읽을 수 있을 것이라는 착각이다. 미안하지만 파닉스를 제대로 했어도 영어책을 편하게 읽지 못한다. 왜냐하면 읽기의 관건은 파닉스가 아니라 사이트워드이기 때문이다. 사이트워드를 많이 알고 있어야 읽기가 편해진다. 영어에는 예외가 너무 많아서 파닉스 방식이 아닌 방식으로 읽혀지는 단어가 무척 많다. 파닉스는 이미 모국어로 듣기·말하기가 되는 아이들에게는 효과가 빠를 수 있다. 하지만 원어민들도 마찬가지로 사이트워드를 배운다.

그에 비해 영어 노출량이 상대적으로 빈곤한 우리나라의 어린아이들이 파닉스만으로 문자를 터득할 수 있을 것이라는 착각이 영어 입문의 길에서부터 멀어지게 한다. 현실은 읽기가 안 되는 아이들에게 단어를 무조건 외우게 하는 암기 학습 방법을 강요하고 있는 실정이다. 그렇게 되면 잘 읽을 거라고 착각하지만, 단어를 억지로 외우게 하는 것은 아이들에게 스트레스만 더욱 유발시킬 뿐이다. 그렇게 많은 단어를 기억하고 있더라도 문장을 함께 공부하지 않으면 읽기는 점점 어려워진다.

파닉스가 아니라면 어떻게 영어 문장을 막힘없이 읽고 책을 술술 읽게 할 수 있을까? 많은 스킬이 있겠지만, 내가 직접 교육 현장에서 효과를 본 것은 다독을 통한 사이트워드 익히기이다. 그리고 소리를 함께 들려주어 귀를 먼저 트이게 한 다음 책을 통해 문장을 소리와 매칭시켰더니 아이들이 빠르고 편안하게 읽기를 시작하게 되었다.

여자아이들은 남자아이들보다 문자를 빠르게 습득하는 경향이 있다. 하지만 남자아이들 중 특히 문자에 거부감이 있거나 오랫동안 읽기에 어려움을 겪는 아이들도 귀를 먼저 뚫어 주고 오랫동안 소리와 글씨를 매칭시키는 학습을 반복하였더니 큰 스트레스 없이 읽기를 터득해 가는 것을 경험했다.

《조기영어, 리딩타운처럼 해라(송순호 저)》에서 중요성을 알게 된 사이트워드 교육과 소리 영어 교육을 하였더니 읽기에도 도움이 되었다. 아이들 입장에서는 파닉스에서 리딩 레벨 1까지, 즉 스스로 읽는 독립 읽기까지 가는 길은 멀고도 험하다. 가다가 길을 잃지 않고 재미있게 단계를 밟아 나가기 위한 필수적인 도구로 나는 책을 꼽는다. 사이트워드의 중요성을 알았다고 해서 사이트워드 학습서를 풀게 하거나 단어 외우기만 반복시켜서는 안 된다. 사이트워드 레벨의 책들에 나오는 그림을 보면서 문장을 소리내어 읽어 나가기 연습을 하고, 동시에 그림책과 애니메이션을 통해 스토리 파악의 즐거움을 알게 하는 것이 나의 영어 교육 전략이다.

6세 여아와 파닉스를 시작한 지 두 달만에 모음까지 뗀 다음 사이트워드와 소리 영어 수업을 했다. 이 아이는 복합자음이나 이중모음의 단계를 건너 띄고 혼자서 책읽기에 성공했다.

초등학교 2학년 여아는 다른 어학원에서 파닉스를 1년 넘게 했지만 도무지 읽지를 못했다. 아는 단어도 있고 모르는 단어도 있어서 읽기가 잘 안 되는 상태였다. 사이트워드 책읽기를 통해서 1달만에 책을 스스로 읽게 되었다.

강남의 영어 영재 유치원에 합격한 5세 여아는 파닉스 모음까지 이미 뗐고, 엄마랑 매일 단어 10개씩 스펠링 테스트를 하여 외우고 혼자 쓸 수 있는 단어가 100개 정도 되었다. 그런데 읽지를 못한다고 상담이 들어 왔다. 영어로 듣고 말하기도 어느 정도는 되는 아이였다. 이런 아이들이 단어를 많이 알고 쓸 수 있다고 해서 읽기를 잘하는 것이 아니라는 것을 증명해주는 귀한 예이다. 이런 아이는 사이트워드 책 반복 읽기를 통해서 쉽게 문제를 해결할 수 있다. 수업을 2회 정도 한 후에 읽기가 자연스럽게 되었다. 코로나19로 잠시 쉬었다가 현재도 수업을 즐겁게 진행해 나가고 있다.

초등학교 2학년인 남아는 파닉스 두 달만에 모음까지 끝내고 사이트워드를 통해서 세 번째 달에 읽기를 시작하여 문장 읽기, 쓰기, 말하기가 가능해졌다. 이런 식의 예는 정말로 많다.

사이트워드를 즐겁게 배우는 활동으로 미니북 만들기, 사이트워드 보드 게임, 사이트워드 카드 뽕망치 게임, 메모리 게임 등이 있다. 이런 여러 가지 활동을 통해 뇌가 습득하고 눈이 인지할 수 있는 상황을 연출하면 영어 학습을 즐겁게 할 수 있다. 그러나 사이트워드를 가장 자연스럽게 배우는 법은 책읽기이다. 그것도 학습서나 암기식이 아닌 자연스런 반복 책 읽기가 가장 효과적이다.

파닉스부터 사이트워드 단계에 들려 주면 읽기 연습에 도움이 될 시리즈들을 소개한다.

Learn to Read 시리즈들 – 제이와이북스

ORT Oxford Reading Tree 레벨 1~5

ORT는 아이들이 정말 좋아하는 책이다. 1단계는 사이트워드 반에
서 읽히고, 2단계부터는 어순 체화 훈련 및 쓰기 연습을 시키면서 언
어의 터잡기를 훈련하도록 원서 읽기 레벨 1에서부터 사용하고 있다.

JFR JY First Readers – 제이와이북스

그림책에 나오는 사이트워드를 익히기 위해 게임으로 학습 중이다.

파닉스로 구성된 얇은 책들도 있지만, 파닉스 방식으로 구성된 단어들은 흥미도가 많이 떨어진다. 파닉스 반복보다는 차라리 사이트워드 반복이 훨씬 편안하게 책을 읽는 데 도움이 된다. 실제로 책에서 자주 나오는 단어이기도 하고, 그림과 매칭되어 흥미를 주므로 읽기 연습에 유리하다.

4.
그림책 수업

그림책의 세계는 정말 무궁무진하다. 그 넓이와 깊이의 풍성함에 항상 놀란다. 영어 교육의 도구로서 그림책을 이용할 때는 그림책 수업을 아이들에게 어떻게 풀어낼 것인가부터 고민해야 한다. 즉 연구가 필요하다. 정해진 매뉴얼대로 수업을 하기보다는 풀어낼 수 있는 방법을 궁리하는 것이 바람직하다. 하기에 따라서는 수천 가지 방법이 존재할 수 있다.

그래서 교사 입장에서는 원서 영어 수업을 준비하기 어렵다고 느낄 수도 있을 것이다. 주제를 파악하고, 어떤 질문을 만들고, 어떤 문장을 가지고 언어 수업을 할 것인가? 물론 프랜차이즈 회사들은 이미 그것들을 연구해서 편하게 수업할 수 있는 매뉴얼을 제공하고 있다. 그런데 매뉴얼의 사용 여부를 떠나 교사가 얼마만큼이나 원서를 이해하고 연구해서 풀어내어 아이들에게 접근할 수 있느냐가 더욱 중요하다. 많은 노력이 필요한 일임에는 확실하다.

그럼에도 교사 입장에서 그림책 수업을 포기할 수 없는 까닭은 무엇일까? 그림책으로 배운 아이들이 남다른 언어 능력을 가지게 될 것이라는 믿음 때문일까? 꼭 그렇진 않더라도 그림책은 적어도 원서 영어 교육의 다음 단계인 리더스, 챕터스, 소설로 넘어갈 수 있는 매우 자연스러운 토양을 가지고 있기 때문이다. 그림책 한 권에 담긴 세상은 놀랍고도 놀랍다.

단순히 즐거운 이야기가 있을 뿐 아니라, 시각적인 한 편의 예술 작품이 되기도 한다. 배울 수 있는 언어적 표현을 통해 언어 능력 기르기가 좋고, 엄마와 자녀를 소통시켜 주는 치유제이며, 아이의 장난감이자 소통하는 창구이고, 아이만의 상상력의 세계가 펼쳐지는 곳이 되기도 한다. 그림책만 봐도 감성 자극부터 새로운 지식까지 다양한 수업이 가능하다. 그래서 자녀가 어릴 때에는 놓치지 말고 그림책을 읽어 주었으면 좋겠다.

나는 교사 입장에서 언어로서의 영어를 다지는 학습적 도구로서 보았을 때 초등학교 저학년까지는 레벨에 따라 그림책으로 접근하는 것이 매우 효과적이라고 생각한다. 책에 흥미를 붙이고 즐겁게 학습의 길로 나아갈 수 있기 때문이다. 물론 그림책 영어 수업을 어떻게 풀어내느냐 하는 것은 교사마다 다르고, 아이들의 성향에 따라 반응이 다를 수도 있다. 하지만 언어 능력을 키우는 훌륭한 도구로 그림책을 반드시 사용해야 한다. 엄마가 자녀에게 읽어 주는 것도 좋지만 영어책 읽기를 힘들어 하는 엄마들도 있고, 아이들이 못 알아 들어서 거부하는 경우도 있으므로 영어 그림책 읽어 주기가 성공하는 것은 생각보다 쉽지 않다.

나는 그림책 영어 수업을 할 때 TESOL 수업에서 배웠던 리터러시 문해력 기반 수업 방식을 기본으로 수업 계획을 짠다. 주제를 정하고, 연구하고, 질문을 만들고, 독후 활동을 정하고 준비해서 그림책을 통해 아이들과 다양한 세계를 만나고, 융합 수업을 통해 배울 수 있도록 수업 계획을 한다. 예를 들면 《Pete's Pizza》라는 책에는 피자 만드는 법이 나오는데, 비가 와서 밖에 못 나가는 아들을 위해 아빠가 아들을 피자로 만드는 놀이를 해준다. 우리나라 아빠들이 이불로 아이들 김밥말이 놀이를 해주듯, 이탈리아 아빠들은 피자 놀이를 해주나 보다. 피자를 만드는 과정의 문장을 읽어 주면서 듣기와 말하기에 노출시키고, 직접 피자도 만들어 보면서 책에 나오는 내용을 이해하고 습득하게 한다. 그리고 초등학생이나 글쓰기가 되는 아이들에게는 문장을 쓰고 말하게 하면서 자기 언어로 체득되게끔 연습시키기도 한다.

   교사들과 학부모들이 원서 영어 수업을 꺼리는 이유 중 하나는 정확한 아웃풋이 안 나오는 데 있다. 그것은 단어를 외웠으면 스펠링을 써야 하고, 지문을 읽었으면 답을 맞혀야 하는 평가 중심의 학습에 익숙한 사회적 분위기 때문이다. 특히 우리나라 사람들은 답이 정확하게 맞아 떨어지고 매뉴얼화되어 있는 것을 좋아하는 특성이 있다. 하지만 그러한 수업은 중학교 이상에서나 필요하지 않을까. 초등학교의 언어적 수업에서는 답을 내는 수업보다는 창의성이 중심이 되는 수업이 이루어져야 한다. 많은 전문가들이 입을 모아 이야기하지만, 여전히 학부모와 교사들은 답이 명확하지 않으면 불안해 한다.

   그러나 다른 관점에서 볼 필요도 있다. 불확실하더라도 언어적인 습득이 먼저 된다면 답이 틀리고 스펠링이 틀려도 괜찮다. 모국어를 배울 때도 아이가 얼마나 말도 안 되는 말을 하고, 실수하면서 말을 연결해 나가는가를 주의깊게 지켜 본다면 쉽게 이해할 수 있을 것이다.

   영어라는 언어도 똑같다. 모국어 능력 이상을 넘지 못한다. 모국어도 언어 실력을 쌓기 위해 책 읽기와 글쓰기를 배제할 수 없듯이 영어도 책을 읽어나가면서 언어 능력을 쌓아가야 진짜 언어 실력이 된다. 책 읽기가 얼마나 중요한지는 많은 학부모들이 아주 잘 알고 있다. 그러나 정작 책 읽히기는 생각보다 쉽지 않다. 스스로 많은 책을 읽어 나가고, 언어 능력을 키워나가도록 유도하려면 그림책 읽어주기는 아무리 강조해도 지나치지 않다! 입 아프도록 읽어줘야 한다. 또한 쉽고 재미있는 그림책부터 시작해야 한다는 것이 나의 주장이다.

그림책 수업은 영어의 세계에 즐겁게 입문할 수 있는 매체가 된다. 첫 영어의 시작을 단어 외우기, 문제 풀기로 하는 아이들은 몇 년 안에 지쳐서 영어 학습을 거부하게 된다. 그러나 정말 달려야 할 때를 위해 기본을 잘 다져 놓으면 오래달리기를 더 잘 할 수 있다.

그림책 수업의 팁은 교사가 열린 마음과 생각에 바탕을 두고 창의성을 가지고 준비하는 것이다. 그런 자세를 견지하여야 자신만의 그림책 수업을 준비해 나갈 수 있다. 그림책을 매개체로 아이들과 대화를 나눈다는 생각을 가지고 많은 질문을 하고, 수업 목표를 가지고 수업을 진행하면 무슨 활동을 하든지 아이들과 소통하면서 언어를 전해 주고, 듣기 · 말하기 · 쓰기 · 읽기 능력을 키워주면서 행간까지 읽어 내는 문해력을 키워줄 수 있다.

그림책 수업을 잘하면 그다음 수업들은 한결 수월해질 것이다.

아이들과 함께했던 그림책 영어 수업 사진

5.
리더스 : 언어의 터잡기

얇은 책들을 통해 사이트워드를 익힌 다음 문장을 조금씩 혼자서 읽어 나갈 수준이 되었다면 리더스를 시작해도 좋을 시기이다. 리더스 시리즈들은 독자들의 수준에 따라서 리딩 수준을 1~4단계 정도로 나눠 놓았다.

리더스 시리즈는 얇은 책 여러 권으로 구성되어 있으며, 등장하는 여러 인물이 정제된 언어로 이야기를 전개해 나가는 형식이다. 이러한 리더스 시리즈의 목적은 아이들의 스스로 책읽기를 해나가는 데 도움을 주는 것이다. 그래서 수업에서도 정독 교재로 쓰기 좋고, 아이들이 다독으로 읽어 내기에도 적합한 책들이다.

우리 아이의 수준이 어느 정도인가 궁금하다면 SR Test를 통해서 AR지수와 Lexile 지수를 알아 볼 수 있다.

→ SR Test Star Reading Test : 리딩 레벨 진단 프로그램
→ AR 지수 Accelerated Reader : 르네상스러닝사에서 문장의 길이, 단어 철자 수와 난이도, 어휘수 등을 종합해서 만든 도서의 난이도 수치로 학년지수라고도 한다.

예를 들어 AR지수가 1.5이면 이 학생은 미국 초등학교 기준 1학년 5개월 정도의 아이가 읽는 수준을 뜻한다. 이 지수를 확인하기 위해 SR 테스트를 받는다.

→ Lexile 지수 : 미국 교육 연구 기관인 Meramerrics사가 개발한 독서 능력 평가 지수로 읽기 능력 평가 지수라고도 한다.

일반적으로 렉사일 지수는 숫자 뒤에 L이 붙어서 200~500L은 미국 초등학교 전 학년 수준, 1000~1200L은 미국 고등학생 수준을 뜻한다.

원서 영어 교육 전문교사라면 위의 사항들이 익숙하겠지만, 이것

마저 복잡하게 느껴진다면 위의 테스트를 받지 않고도 간단하게 알 수 있는 방법이 있다. 레벨 1이라고 쓰여 있는 책은 대략 미국 초등학교 1학년 기준이다. 레벨 1도 아이들의 단어 수준에 따라서 책의 난이도가 다르기 때문에, 아이에게 적절한 책을 어떻게 선정할까 고민하신다면 단연 5핑거 테스트를 먼저 해 볼 것을 권한다. 책 한 페이지를 펴 놓고 모르는 단어가 나올 때마다 손가락 하나씩 꼽을 때 한 페이지당 다섯 손가락이 꼽아지면 아이에게는 도전해 볼 만한 책이다. 다시 말해서 한 페이지당 모르는 단어가 다섯 개 정도가 적당하다는 뜻이다. 다른 복잡한 테스트를 받지 않아도 거의 정확하게 아이의 수준을 평가할 수 있다.

책 읽기를 시작하면 아이들이 책 속의 세계에 잘 적응할 수 있도록 아이들의 취향을 존중해 주어야 한다. 아이들은 각자 좋아하는 것과 싫어하는 것이 있어서 책도 편식하기 마련이다. 하지만 나는 처음에는 무조건 아이들이 좋아할 주제로 시작해야 한다고 말하고 싶다. 책 편식이 나쁘지 않다. 그 시작점에서 다독을 통해 호기심이 왕성해지고, 그로 인해 관련 주제에 관심이 생기면 다른 주제로 옮겨 갈 여지는 얼마든지 있기 때문이다.

그렇다면 리더스 시리즈는 어떻게 읽혀야 할까? 정독과 다독을 해야 한다고 많이 들어 보셨을 것이다. 왜 정독을 해야 하고 다독을 해야 하는가? 정독은 문해력을 키우고, 다독은 영어의 인풋을 넣어

주기 때문이다. 정독의 목적은 언어 능력이다. 학습적으로 문제를 풀면 끝나는 것이 아니라 책을 읽으면서 책에 나오는 등장 인물을 이해하고, 등장 인물들이 만들어내는 이야기에 나의 공감과 경험을 대입하여 나의 이야기로 만들어가고, 그리고 나의 생각을 거쳐서 나의 메시지가 되는 것을 '책을 읽었다'라는 행위를 했다고 생각한다.

그 과정에서 글로 쓰여진 언어를 읽고 이해하고 스토리를 이해하는 힘을 키워나가는 것이 바로 문해력이다.

문해력literacy이란 문자를 읽고 쓸 수 있는 일 또는 그러한 일을 할 수 있는 능력을 말한다. 넓게는 말하기 · 듣기 · 읽기 · 쓰기와 같은 언어의 모든 영역이 가능한 상태를 말한다.

유네스코는 '문해란 다양한 내용에 대한 글과 출판물을 사용하여 정의, 이해, 해석, 창작, 의사 소통, 계산 등을 할 수 있는 능력'이라 정의하였다위키피디아.

독립 읽기의 전 과정인 사이트워드를 배우는 단계에서는 뜻에 함몰 되어서는 안 된다. "단어 외워봐! 이게 무슨 뜻이야? 문장 읽어봐! 이게 무슨 뜻이야?" 이렇게 따지면 아이들은 영어에 질려버린다.

일단 뜻은 몰라도 괜찮으니 발음에 중점을 두는 유창성 연습에 집중해야 한다. 단어를 정확히 읽고 문장을 읽어 내기 시작하면 책을 읽어 낼 힘이 키워진다. 그리고 독립 책 읽기가 시작된 다음에 아이들에게 이야기를 제대로 이해했는지를 묻기 시작해야 한다.

나는 이것을 정독 수업을 통해 풀어내고 있다. 책을 읽고 워크시트 푼 다음 책으로 넘어가도 좋지만, 거기서 멈추지 말고 책을 도구로 활용하여 영어로 말하고 쓸 수 있는 '터잡기'를 한다. 영어 레벨 지수 올리기는 그리 어렵지 않다. 글을 혼자 읽기 시작한 순간부터 책을 많이 읽히면 레벨은 저절로 올라가기 마련이다. 수업에서 책 잘 읽는 아이들은 금방 적응해서 그다음 레벨로 올라간다.

문제는 눈으로 읽는 리딩 실력은 레벨 3, 4, 5까지 쭉쭉 올라가는데, 실제로 영어로 말을 하거나 쓰라고 하면 잘 되지 않는 데 있다. 대체로 잘 올라가지 않는다. 왜 그럴까? 아웃풋 훈련을 안 해서 그렇다. 이런 식이라면 원서 영어 교육도 큰 의미가 없다는 결론이 내려질 수밖에 없다.

눈으로만 레벨이 높다고 해서 말하기 쓰기가 저절로 잘 되는 것은 아니다. 인풋을 충분이 넣으면 아웃풋이 자연스럽게 터진다고? 그런 아이들은 스스로 아웃풋 훈련을 많이 한 아이들이다. 혼자 중얼거린다든지 반복해서 여러 차례 소리 내어 본다든지 했을 것이다. 결론은 아웃풋 훈련을 해야 한다. 말하기 · 쓰기 훈련을 위해서는 처음부터 마구잡이로 외우기, 억지로 쓰기를 시키는 것이 아니라 하나하나 즐겁게 작은 성공의 기쁨을 안겨주며 한 스텝씩 하는 것이다. 나는 이 과정을 언어의 '터잡기'라고 부르는데, 이것은 그동안의 인풋을 아웃풋으로 바꿔나가는 과정이다. 이 터잡기가 아이들로 하여금 말하기가 되고 쓰기가 되도록 하는 중요한 요소이다.

소리 영어나 청독을 하는 '집중듣기' 등으로 소리 노출을 많이 해서 귀를 트이게 해주는 것이 필수다. 귀가 어느 정도 트인 상태라면 책 한 권의 정독 수업을 통해서 영어로 질문하고, 내용을 요약하게 하고, 마인드맵이나 북 리포트를 통한 글쓰기로 진행해 간다. 이것이 아웃풋 훈련의 기본이다. 영·한 훈련이나 반복 패턴을 외우게 할 수도 있는데, 아이들이 힘들어한다면 억지로 할 필요는 없다. 다시 말해 아이들이 해볼 만한, 그리고 할 수 있는 수준에서 습관을 만들어주는 것이 포인트이다.

어떤 학부모님들은 레벨 1도 되기 전인 6~7세 아이가 영어로 말하기가 안 된다면서 고민 상담을 하기도 한다. 아이들은 각자 성향도 다르지만, 영어를 경험으로 배우지 않은 상태에서 주 2~3회 교습소에서 진행하는 영어 학습만으로 말하기를 바라는 것은 너무 무리한 기대이다. 주 2~3회의 교습소 수업 또는 집에서의 영어 노출로 영어 말하기가 되려면 어마무시한 다독·다청이 쌓인 상태에서 아웃풋 훈련을 충분히 해야 가능하다.

나는 레벨 3쯤에서 그것이 이루어지는 것을 보았다. 물론 빠른 아이들은 레벨 2에서도 영어로 생각을 표현한다. 원서 읽기 레벨 1영어에서는 언어의 구조가 완전히 다른 영어를 마음껏 생각대로 표현하기는 어렵다. 여기서 영어 말하기를 한다는 기준은 간단한 회화나 단어 및 문장을 말하는 것이 아니라, 자신의 생각과 이야기를 줄줄 이야기하는 것을 의미한다.

리더스 정독 수업의 팁은 그림책 활용하기와 크게 다르지 않다. 책을 함께 읽으며 아이들과 호흡하고, 내용을 확인하고, 질문하고, 요약하고, 쓰게 한다. 그러한 토대에서 가장 효과를 보는 방법이 반복 읽기와 녹음이다. 녹음은 리딩의 유창성뿐만 아니라 반복해서 읽다 보면 뜻을 이해하는 문해력 향상에 도움이 된다.

그리고 외우지 않아도 반복을 통해 내용 파악되면 영어 문답도 수월하게 할 수 있다.

아이들과 즐겁게 수업했던 원서			
Level 1	1	An I can Read	Fancy Nancy : the Boy from Paris
	2		Danny and the Dinosaur
	3		Harry and the Lady next door
	4	Usborne First Reading	the Three Little Pigs
	5		the Mouse's Wedding
	6		the Leopard and the Drum
	7		the Little Red Hen
	8	Fly Guy	Hi Fly Guy
	9		There was an old Lady who swallowed the Fly Guy
	10		Fly guy's Ninja Christmas
	11	Step into Reading	the Lion and the Mouse
	12		Watch your step Mr. Rabbit
Level 2	1	Henry and Mudge	Henry and Mudge and a Happy cat
	2		Henry and Mudge get the cold shiver
	3	Amelia Bedelia	Amelia Bedelia
	4		Bravo, Amelia Bedelia
	5		Amelia Bedelia Teach Us
	6	Frog and Toad	Frog and Toad are Friends
	7		Frog and Toad All Year
	8	Nate the Great	Nate the Great
	9		Nate the Great and the Lost List
	10		Nate the Great and the Stalks Stupidweed
	11		Nate the Great and the mushy Valentaine
	12		Nate the Great and the Crunch Cristmas

Level 3	1	My Weird School	Miss Daisy is Crazy!
	2		Mr. klutz is Nuts
	3		Ms. Hanna is bananas!
	4	Junie B Jones	Junie B. Jones and a Little monkey Business
	5		Junie B. Jones and Smell Something Fishy
	6	Magic Tree House	Dinosaurs Before Dark
	7		The Knight at Dawn
	8		Mummies in the Morning
	9		Ghost Town at Sundown
	10	Marvin Redpost	Kidnapped at Birth?
	11		Is He a Girl?
	12		A Magic Cristal?
Level 4	1	Zack File	Great-Granpa's in the Litter Box
	2		The Misfortune Cookie
	3		Zap! I'm the Mind Reader
	4	AtoZ	The Absent Author
	5		The Canary Caper
	6		The Goose's Gold
	7	Roald Dahl	Magic Finger
	8		Charlie and the Chocolate Factory
	9		Matilda
	10	단편	Charlotte's Web
	11		Frindle
	12		Mary Poppins
Level 5~8		소설	Diary of a wimpykid
			Holes
			39clues
			Hatchet
			Maze Runner
			Harry Potter

영어 질문의 예시

1. What's going to happen?

2. What did the main character do?

3. Why did she go out?

4. Can you guess what's next?

5. How does he feel?

(답은 다양할 수 있다.)

영어 문답의 예시

T : What was the fly guy looking for?

S : Some thing to eat

T : Where did they go?

S : The Amazing Pet Show.

T : What did the fly guy do?

S : a fancy flying.

리더스 단계에서의 영어 문답은 반드시 문장으로 하지 않아도 된다. 단답으로라도 핵심 내용을 잘 이해했는지 파악할 수 있는 정도면 훌륭하다. 이야기에서 구체적으로 중요하다고 생각되는 부분을 이해했는지 묻고, "주인공의 기분은 어땠을까?"라는 질문을 통해 이야기에 나의 감정을 대입하여 주인공의 생각과 감정을 이해하고, 나의 생각을 넣어서 나의 이야기가 될 수 있도록 이끌어가는 질문을 하면 좋을 것이다.

　나는 문장 패턴 외우기는 잘 사용하지 않지만 레벨 2 정도에 들어섰을 때 문장 패턴 외우기가 도움이 되기도 한다. 이것은 스텝 바이 스텝을 꼼꼼히 가이드해 주지 않으면 알아서 언어가 터져 나오기 힘든 아이들을 위해서 입에 문장을 붙여주는 방식이다. 책에서 중요한 문장을 뽑아서 외우게 하거나, 반복적으로 말하거나 쓰게 하여 익숙해지게 하는 것도 한 가지 방법이다.

6.
레벨 테스트와 반 구성

신규 상담을 하면 아이의 레벨을 묻지 않을 수 없다. 프랜차이즈 가맹 없이 어떻게 아이의 레벨을 파악하는지도 예비 원장님들이 궁금해 할 부분이다.

레벨 테스트를 할 수 있는 AR을 도입할 수도 있지만, 비용이 많이 들기 때문에 초기에는 AR 프로그램보다는 적은 비용으로 비교적 정확하게 할 수 있는 레벨 테스트 비법을 알려드리고자 한다.

일단 ABC 알파벳 글자와 음가를 알지 못하고 쓰지 못하면 기초반이라고 생각하고 파닉스부터 시작한다. 자음과 단모음의 조합 d/a/d를 읽을 수 있는가가 단모음을 마친 상태가 된다. 모든 단모음 a, e, i, o, u로 글자 연결을 해서 읽을 수 있는지를 파악한다. 그러한 테스트를 백지에 해보고 이것이 잘 안 되면 기초반에서 개인 진도에 따라 학습할 수 있도록 반을 구성한다. 파닉스를 아는 수준은 아이마다 제각각이어도 단모음까지는 함께 묶어서 개인 지도를 하면서 진도를 맞춰 나갈 수 있으므로 그렇게 구성하면 된다.

그리고 그다음 단계인 장모음이나 이중모음 반은 따로 구성하지 않고 사이트워드반으로 묶어서 구성할 수 있다. 아이가 cat, have, it 등의 쉬운 단어를 더듬더듬 읽지만, 아직 문장을 잘 읽어가지 못하면 사이트워드반 레벨로 본다. 리더스 1 정도의 책을 읽혀 보고 쉽게 읽는지 잘 못 읽는지로 리딩 테스트를 할 수 있다. 레벨 1이 되는지 못 되는 지의 기준이다.

리더스 레벨 1이 쉽게 읽는가 못 읽는가가 상대적 기준이 될 수 있다면, 5 핑거 테스트라고 해서 한 페이지당 5개 이상의 모르는 단어가 나오면 어려운 책, 그 이하면 적절한 책이라고 할 수 있다. 모르는 단어가 1개 이하라면 쉬운 책일 가능성이 있으므로 다음 단계인 레벨 2의 책을 읽혀 본다. 그다음은 레벨 3의 챕터스 북을 읽힌다.

이런 식으로 리딩 테스트를 간략히 진행하다 보면 거의 맞는 레벨을 찾을 수 있게 된다.

그리고 리스닝 및 어휘 테스트로는 리틀팍스 사이트의 레벨 테스트를 보게 한다.

1단계 정도 높은 단계가 나오는데, 그것을 기준하여 1단계 낮추면 거의 정확하게 아이의 레벨을 판단할 수 있다. 예를 들어 리틀팍스 레벨 4가 나오면 AR지수 레벨 3 정도로 볼 수 있다. 신규반 상담및 레벨 테스트에 너무 많은 시간을 들이지 말자. 대략적인 아이의레벨을 진단하고 반을 구성한 다음 조정하면 된다.

재학생들은 좀 더 꼼꼼하게 레벨 테스트를 진행하는데, 이것은 수업을 하면서 6개월에 한 번 정도 아이의 실력이 느는 것을 확인하기위해서이다. 이때에는 컴퍼스 미디어산타클래서에서 제공하는 레벨테스트를 프린트로 출력하여 사용한다. 1년 동안 사용해 보았는데제법 정확하다.

재학생들의 수준은 교사가 잘 알고 있으므로 레벨 1 정도가 되는아이들에게 레벨 1의 테스트지를 뽑아 Reading, Writing 테스트를보게 하고, Listening은 리틀팍스로 보게 한다. Speaking 테스트는레벨 3 이상 되면 테스트지를 뽑아 교사가 질문한다. Reading 시험문제를 반 이상 맞혔다면 레벨 3이 맞고, 5개 미만으로 틀렸다면 레벨 1.8~2이고, 반대로 반 이하로 틀렸다면 레벨 0.8~0.5 정도이다.약간의 오차와 주관적인 평가도 있겠지만, 대략적으로 맞는다.

더 정확한 레벨 테스트는 AR 프로그램을 이용한 테스트이지만,이것도 결과를 100% 신뢰할 수 있는 것은 아니다. 대형 어학원 및 다른 기관에서 비용을 주고 레벨 테스트를 받더라도 문해력은 제대로 평가되지 않으며, 막상 뚜껑을 열어 보면 과평가된 경우도 허다하다.

결국 레벨 테스트에 연연하기보다는 아이들이 책을 읽고 이해하는 문해력이 진짜 언어 실력이라고 생각하면 본실력보다 과평가하지 않고 아이의 레벨을 판단할 수 있을 것이다.

7.
챕터스 : 영어의 꽃을 피우기

리더스 레벨 2를 넘어서 레벨 3으로 올라갈 만한 실력이 되었다면 더 이상 정제된 리더스를 읽지 않아도 된다. 이제 웬만한 글은 읽을 실력이 되었으므로 얼리 챕터스를 통해서 챕터스로 넘어가서 실감나는 현지 영어 이야기를 시리즈로 즐겨야 한다. 챕터스는 갱지로 되어 있고, 한 권이 아닌 2~30권의 시리즈로 되어 있다. 학습용으로 나온 것이 아니고 애초부터 영미권 현지 아이들의 재미를 위해서 나온 책이다. 물론 독서 능력 향상에 엄청난 도움이 된다.

'챕터스를 어떻게 활용하느냐?' 하는 것 역시 교사에게 던져진 질문이다. 많은 방법들이 있겠지만, 일단은 즐겁게 읽으면서 이야기에 빠져서 시리즈들을 독파하는 힘이 있다면 언어 능력 향상에 단연 최고의 도움이 될 것이다. 그렇게 다독을 해나가면서 영어의 세계에 푹 빠지는 것이다. 그것이 바로 자발적 독서의 힘이다.

여기에 내가 개입하는 방법은 한 권의 책을 정독할 때 슬로우 리딩과 북토킹을 통해 완전히 자기 언어로 만들어 가도록 아웃풋 훈련을 시키는 것이다. 그러면 수업에서 아이들은 영어로 자신의 생각을 말하고 쓰는 수준에 이른다. 나는 이 시기를 '영어의 꽃을 피우는 시기'라고 말한다. 지금까지 말 트이고 귀 트이고 자신의 생각을 표현해 나가기 위한 인고의 시간을 잘 견뎌서 꽃을 피워낸 것이다. 물론 여기에서 영어 교육이 끝난 것이 아니라 앞으로도 갈 길이 멀지만, 궁극적으로 좋은 열매를 맺기 위해서는 언어적으로 반드시 필요한 시기이다.

6~7세부터 파닉스로 영어 문자 교육을 시작한 아이들은 초등학교 2학년 정도면 이 단계에 이른다. 머리가 빛날 시기인 초등학교 3~4학년 때에 이 단계에 이르면 많은 다독과 학습으로 아웃풋을 꽃 피울 가능성이 더 커진다. 늦어도 초등학교 6학년까지 이 단계에 이르면 초등학교에서 언어 능력을 어느 정도 다지고 중학교로 갈 수 있다. 고학년이 되면 문법 이해도 필요하고, 독해 및 어휘 학습도 해야 한다. 과목으로서의 영어 학습에도 충실해야 하는 시기이다. 그

렇기 때문에 그 이전에 언어의 꽃을 피우는 시기를 맞이할 수 있도록 해야 한다.

영어 유치원에 다니지 않았고, 집에서 숙제 외에 다른 영어 관련 미디어에 노출되지 않았고, 원어민 경험도 없는 평범한 아이들이 영어책을 읽고 나서 책을 덮고 내용을 줄줄 이야기한다. 기억에 의존해서 말하고 쓰기를 한다. 언어가 먼저 이렇게 트이면 그 이후의 책 읽기는 너무 재밌고 신이 난다. 영어 능력도 쑥쑥 올라간다.

초등학교 3학년 여아 H

6세부터 나와 놀이 영어 수업을 시작하여 파닉스 과정과 사이트 워드 과정을 무난하게 거치면서 읽기 시작했다. 원서 레벨 2.5에서 말하기의 고비가 찾아왔다. 친구들에 비해서 말하기가 안 되는 것이다. 말을 잘하고 싶은 욕구에 비해 말이 안 나오니 스트레스를 받기 시작했다. 문제는 인풋의 양이 상대적으로 적은 데 있었다. 다독 이벤트에 참여하고, 가정에서 자막 없이 다청하기 시작하고, 소리 영어를 통해서 귀를 뚫으면서 북토킹 수업을 통해 책 내용을 조금씩 말하기 시작하더니 문장으로 원하는 말을 하게 되었다. 지금은 수업 시간에 손을 들고 제일 먼저 이야기를 하려고 한다. 영어 시간이 너무 좋다고 말한다. 아직도 갈 길이 멀지만 영어로 말하는 즐거움을 누리고 있다. 현재는 레벨 4의 원서를 즐기면서 보고 말하기 쓰기에 자신감이 붙어서 수업을 받고 있다.

초등학교 3학년 여아 Y

7세 후반에 파닉스를 떼고 와서 그림책 영어 수업부터 시작했다. 소리 영어 수업을 시작하기 전에는 특별할 것 없는 착실하게 따라오는 학생이었는데, 소리 영어를 도입하고 난 뒤에 귀가 뚫리고 발음이 매우 유창해졌다. 말이 트이면서 매끄러운 발음으로 책의 내용을 줄줄 이야기하고 생각을 표현한다. 리딩 레벨 4 정도로, 리딩과 쓰기도 평균 이상의 실력을 보여준다. 국제 말하기 대회에 출전하여 대상을 받고 전국 최고 점수를 받았다. 유창성과 표현력에서 높은 점수를 받았다.

다음에 수업에서 사용하는 북토킹 질문들을 소개한다.
먼저 챕터1에 대한 Comprehension Check Up을 질문한다. 즉 이해를 묻는 질문이다.

→ What did Junie B do on the smelly school bus?
→ Did she like to ride on the bus?

그리고 나서 이해를 잘 했다면 다음의 질문으로 넘어간다.

→ If you were Junie B Jones who doesn't want to ride on the bus, what would you do?

→ When you were a kindergartener, did you like to ride on a bus?

너라면 어떻게 할래? 너는 어땠어?

이 질문들은 책의 이야기와 나의 이야기를 연결시켜 가는 질문들이다. 이 과정에서 아이들은 더욱 감정을 이입시키고 책 읽기의 즐거움을 키운다.

그리고 나서 다음 질문은 사고력과 상상력을 자극한다.

→ What will happen to the next chapter?

→ What will she do?

→ Let's make different endings!

이렇게 묻고 답하는 과정에서 아이들의 언어 능력은 향상된다. 한 책이 머리 속에 오롯이 들어오고, 그 기억을 뽑아내는 고통을 통해서 아이들은 영어 능력도 향상되는 것이다.

'말을 해야겠다. 해야 한다'라고 결정한 순간 뇌는 말할 수 있도록 도와준다. 당연히 실수도 하고 문법적 오류도 있지만, 그 과정을 겪어내면 어느 순간 아이들은 책의 내용을 말하게 된다. 처음에는 단어로, 그리고 구절로, 마침내는 문장으로!

　문장으로 말하는 능력을 기르기 위해서 미리 문법을 가르치지 않았다. 오히려 문법적인 요소는 빼고, 다만 문장의 어순만 가르쳐 주었다. 주어는 항상 먼저, 그리고 그다음이 동사다. 어느 정도 읽을 줄 아는 아이들에게 원서를 통해서 문법 설명을 재미나게 해 준다면 금상첨화일 것이다. 하지만 딱딱한 설명이 들어가는 순간 몰입했던 이야기에서 빠져나오게 되므로 가능한 한 설명을 하지 않았다. 이야기에 몰입하도록 하기 위해서 외부의 개입을 줄인 것이다.

　교사의 문법적 개입이 많지 않아도 아이들은 책의 문장에서 습득하여 비슷한 문장을 뽑아내서 말하기 시작한다. 말하기 시작하면 장기 기억으로 옮겨져, 처음에는 책의 문장이었지만 나중에는 자신만의 문장이 된다. 그리고 그것이 어느 정도 이루어지면 문법적인 설명을 시작하고 문제 풀이로 이어진다.

　나는 챕터스북 단계에서는 과감하게 워크시트를 사용하지 않았다. 그 대신 위 과정들이 온전히 체화되는 아웃풋 훈련에 심혈을 기울였다.

　그리고 나서 자기의 언어로 말한 것을 A4 용지에 풀어내게 했다.

마인드맵을 이용해 북 리포트를 작성하며 인물과 장소를 적고, 책을 보지 않고 기억에 의존하여 스토리를 요약한다. 단어 스펠링을 모를 때만 책을 확인하고, 나머지는 자신의 표현으로 쓴다. 이렇게 풀어내는 수업이 쌓여 가면 아이들이 자연스럽게 말하기와 쓰기에 자신감이 생기고, 언어 능력이 상승되는 것을 보았다. 말하고 나서는 반드시 쓰게 한다거나, 쓰고 나면 바로 읽고 발표하게 해야 통합 수업이 된다. 따로 하지 않는 것이 포인트다. 그리고 이 작업을 습관이 되게끔 꾸준히 해야 한다.

아이들이 유창한 발음으로 자기 생각을 술술 말하기 시작하면 교사의 기쁨은 이루 말할 수 없다. 대놓고 내색은 하지 않았지만 '내가 아이들의 실력을 이렇게 키워 내다니…' 하는 생각에 설레고 기쁘고 감격스러웠다. 우리나라에서 그 어렵다는 '말하기' 아닌가? 정말 하기 힘든 '쓰기' 아닌가? 그것을 증명이라도 하듯이 기쁨은 나 혼자만의 것이 아니었다. 상담과 설명회를 통해서 그 순간을 영상으로 보신 어머니들의 눈빛이 달라지고, 등록으로 이어지고, 주변에 소개를 해주셨다. 블로그를 보신 주변의 원장님들이나 선생님들도 어떻게 수업하는지 궁금하다고 직접 전화를 주시거나 답글을 통해 많은 문의가 있었다. 그러다 보니 온라인으로 자체 강의도 열게 되었다.

다음은 온라인 강의를 개최한 후 보내주신 원장님들의 피드백이다.

피드백

예비 원장님의 후기

"로지 선생님의 세미나를 통해서 그 소스들을 정말 실용적으로 적용하고 있음을 알게 되었습니다. 로지 선생님이 직접 겪어 보시고 가장 베스트라고 생각되는 에센스만 세미나에 녹여서 알려 주셔서 저는 정말 많이 도움이 되고, 공부방을 준비하는 데 감을 잡을 수 있었습니다."

"리딩에서 라이팅으로의 연결…, 어떻게 아웃풋으로 이끌어주어야 할지 늘 고민이었는데…. 소리 영어로 자기가 말하는 것 같은 착각과 비슷하듯 알게 모르게 하는 필사부터 당장 시작해 봐야겠어요. 단계별 원서 정독 수업의 매뉴얼, 글쓰기, 말하기 등을 세밀히 알려 주셔서 감사합니다."

"말하기가 트여서 자기 생각을 줄줄 이야기하는 영상은 정말 감동이네요. 이렇게 아웃풋이 나오기까지 단계별 원서 위주로 수업 진행이 되려면 가르치는 선생님이 정말 탄탄한 커리로 무장되어 있어야하겠다는 생각이 들었습니다."

"소리 영어는 얼마 전 처음 접했을 때 책도 한 권 보았는데, 로지 쌤 강의 내용이 더 유익했네요."

프랜차이즈 공부방을 운영하시는 원장님의 후기

"원서 영어 수업하시는 원장님들의 깊은 고민은 바로 인풋이 충분히 차지 않은 학부모님이나 주위에서 주시는 '쓰기와 말하기'가 '더디다'라는 말일 겁니다. 시기에 맞는 적절한 터치와 정독이 필요한데, 원의 커리큘럼을 믿고 보내 주시는 학부모님, 그리고 인풋 쌓기가 절실한 중요한 시기를 보내는 초등학생들을 생각하면 다독·다청의 인풋과 더불어 양질의 정독이 필요함을 절감합니다. 로지쌤께서 강연을 통해 여러 해 고민하고 시행착오하며 만든 안정적이고 완성된 커리큘럼을 선뜻 공유해 주셔서 너무 감사했습니다."

"언어로서의 영어에 대한 믿음은 확고하기에 다독을 유지하면서 선생님만의 다양한 디테일과 접점들을 연결하는 단계별 다양한 수업 노하우들에 많은 영감을 받았습니다."

"원서와 소리, 그 어려운 두 분야가 어떻게 한 수업에서 운영 가능한지 많이 궁금했습니다. '과연 될까?'라는 의문도 있었구요. 하지만 강의를 듣고 나니 원서와 소리 영어를 커리큘럼에 녹여 양적·질적

으로 훌륭한 인풋을 아이들에게 제공해 주니 아이들은 아웃풋으로 그
결과를 보여 주는 증거들을 확인할 수 있어 믿음이 확실해졌습니다."

　물론 아직 갈 길이 멀다. 이제 말하기에 자신감을 붙였다면 문법
도 해야 하고 어휘도 해야 하고 자신의 생각을 넣은 글쓰기도 해야
한다. 언어에는 4대 영역이 있다. 그러나 그 4대 영역이 골고루 발전
하기는 생각보다 쉽지 않지만, 이러한 방식으로 듣기 말하기와 읽기
쓰기가 함께 성장하는 방식은 아이들이 균형을 맞추어 성장할 수 있
도록 돕는다.

　수업에서 아이들과 함께 직접 써보니 좋았고, 정독 교재로 수업하
기 적당한 책들을 추천한다.

추천할 만한 챕터스북

○ Early Chapters (level 2~2.5) : Nate the Great 시리즈

○ Chapters (level 2.5~5) : My weird school 시리즈, Junie B. Jones
시리즈, Magic Tree House 시리즈, Marvin Redpost 시리즈, Zack
Files 시리즈, A to Z 시리즈, Roald Dahl 시리즈

8.
소설책 읽고,
토론 수업을 통한 창의 활동

이제 아이들이 레벨 4 이상을 하면서 챕터스 시리즈를 충분히 읽었다면 반복되는 이야기 패턴에 지루해 질 수 있다.

이제는 단편소설로 넘어갈 때가 되었다. 소설을 읽기 시작하는 단계는 원서 영어 교육이 진정한 빛을 보는 시기이다. 이 단계에 왔을 때에는 원서를 4권에서 5권 정도만 제대로 읽어도 언어 능력은 크게 성장하게 된다.

또 한 단계 업그레이드된 시기다. 이 단계에서는 수업에서 이해도를 확인하지 않는다. 교사가 개입하는 질문은 거의 생략하고 집에서 미리 읽어 와서 책의 챕터를 리텔링하고 창의적인 활동에 집중하게 한다. 책의 내용에 관해서 자기 의견을 주장하며 토론을 벌인다. 영어의 인풋을 독서와 청독으로 넓힌 상태에서 아웃풋을 연습하고 재량을 펼쳐내는 시간이 바로 수업 시간이다. 그리고 자기 주도식 학습과 더불어 문법과 독해가 더해지면서 학습 능력도 향상된다.

현재 24만 명 구독의 유투버 크리스챤은 Canguro English 채널에서 언어 습득을 위한 최고의 방식에 대해서 말하고 있는데, 그것은 authentic material실제 자료 사용이다. 원서와 영화가 바로 그런 교재이다. CD나 오디오 교재와 다르다고 하면서, 의사소통할 수 있는 활동과 반복이 최고의 언어 습득 테크닉이라고 말한다.

사진에서 표를 확인할 수 있다. 위쪽의 narrative 방식으로 이야기를 담아 외우게 했던 그룹의 단어 기억률이 아래쪽의 무조건 암기 방식으로 외운 그룹보다 현저히 높은 것을 볼 수 있다.

그는 이를 뒷받침하는 실례를 들었다. 두 개의 그룹으로 나누어 단어 외우기 실험을 해 보았다. 열두 개의 단어를 외우게 한 그룹과

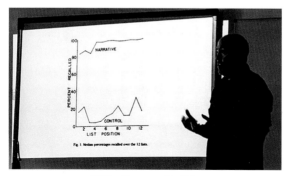

출처 : Canguro English

똑같은 열두 개의 단어를 주고 이야기를 만들라고 한 그룹으로 나누었다. 어느 그룹이 더 많은 단어를 기억했을까?

두 번째 그룹이 훨씬 많이 기억했다. 표로 보니 매우 큰 차이를 확인할 수가 있었는데, 암기한 그룹은 20%를 기억해 냈고, 스토리를 연결하여 만든 그룹은 100%를 기억해 냈다. 정말 놀랍지 않은가.

우리의 뇌는 이야기를 본능적으로 좋아한다. 이야기를 통해 단어를 장기 기억으로 가게 할 수 있다. 내가 아이들에게 단어 암기를 따로 많이 시키지 않아도 아이들의 어휘량이 상당했던 이유이다.

아이들은 책 읽기를 통해서 단어를 기억하게 된 것이다. 우리도 모국어인 한글 단어를 일일이 종이에 쓰면서 외운 기억은 없을 것이다. 단연코 한 번도 없다. 물론 영어 스펠링은 써볼 필요가 있지만, 꼭 종이에 써가며 달달달 외우지 않아도 어휘량을 쌓을 수 있는 비결은 책을 많이 읽는 것이다.

단순히 책을 읽고 말을 했다는 것이 어떻게 특별한 수업이 될 수 있는지 의아할 수도 있겠으나, 언어 능력은 외우고 문제를 많이 풀어서 길러지는 게 아니라 책을 읽고 말하고 쓰는 행위를 통해서 길러지는 것이다. 우리가 모국어를 어떻게 습득했는지를 기억해 본다면 쉽게 알아낼 수 있을 것이다.

그런데 우리는 이렇게 단순한 길을 외면하고, 오히려 힘들게 멀리 돌아가는 학습 방법을 선택했다. 뭔가 외우지 않으면 불안하고 문제를 많이 풀지 않으면 뒤처진다는 생각 때문일 것이다. 입시 영어는 중학교 1학년 때부터 시작해도 늦지 않으므로 그 이전에는 언어로서의 영어에 집중한다면 아이들에게 훨씬 유익할 것이다.

우리나라의 아이들이 다 영어를 잘하게 되었으면 좋겠다. 영어 과목만 잘하는 게 아니라 언어로서의 영어도 막힘없이 구사했으면 좋겠다. 하고 싶은 일을 할 때 막힘없이 구사되어 그 일을 성공적으로 수행할 수 있는 발판이 되면 참 좋겠다.

책을 많이 읽은 아이들을 보면 언어적 능력뿐 아니라 영미문화권에 대한 문화적 지식 즉, 과학·역사 및 사회 문화 영역까지 지식이 풍부하다는 것을 알 수 있었다.

이처럼 원서 영어 수업이 주는 장점은 참 다양하다. 제대로만 한다면 이만한 교육이 없다. 원서 영어 교육이 힘들다지만 이 맛에 하는 것이다. 원서 영어 소설책 수업은 영어라는 언어에 날개를 달아주는 교육이지만, 안타깝게도 여기까지 오는 학생들이 많지 않다. 고학년이 되면 입시 중심의 학원이나 대형 어학원으로 옮기기도 하고, 늦게 시작하는 학생들은 원서 영어 수업을 거의 포기하고 교과 진도를 따라잡을 수 있는 학원으로 옮겨가기 때문이다. 그러나 너무 늦지 않게 한국어 능력이 개화하는 시기인 초등학교 1학년 때부터 원서 읽기를 시작했으면 하는 바람이다. 신나게 원서 영어 수업을 하는 아이들이 많아졌으면 좋겠다.

간단한 수업팁을 드리겠다.

북토킹이 아닌 리텔링하기

북토킹하며 이해도를 체크하는 것을 넘어서 이제는 책을 읽고 충분히 이해해 온 상태에서 다시 이야기해 보는 리텔링을 녹음하도록 숙제로 내준다.

이미 연습해 본 학생들은 수업에서 동료 학생들과 교사 앞에서 녹화하기 위해 멋지게 리텔링한다.

토론하기

책 내용에 대한 토론에서 주인공들이 행동하고 사건을 풀어 나갈 때 자신의 의견을 피력할 수 있게 된다. 아이들의 상상력과 주장은 참 재미있다.

주제에 대한 토론도 할 수 있다. 아이들의 말하기와 사고력 향상에 도움이 된다.

인터넷에 토론에 대한 주제가 많이 나와 있다.

오래된 책이지만 무난하게 토론 할 수 있는 교재《Active English Discussion》을 추천한다.

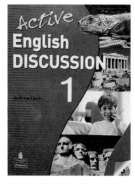

Active English Discussion
– Person Longman

또한 학습서 리딩 퓨쳐의 텍스트를 공부하고 나서 그 주제에 관한 질문을 만들고, 또 아이들에게 질문을 만들게 해서 토론해도 재미있다.

창의적인 말하기, 쓰기

소설책을 읽고 나서 할 수 있는 관련 활동은 무궁무진하다.

☺ 《39 Clues》를 읽고 주요 인물인 벤자민 프랭클린에 대해 함께 배우고 관련 마인드맵을 만들고 문제 해결 표를 만들어 발표하기

☺ 《Charlie and the Chocolate Factory》를 읽고 Mr. Wonka가 되어 유서를 쓴다면 나는 누구에게 물려줄까?

☺ 《Magic Finger》를 읽고 나에게 초능력이 있다면 어떤 초능력을 갖고 싶은가?

- ☺ 《Charlotte's Web》을 읽고 Fair에 나가는 주인공 Wilber를 위한 포스터를 만들어 보자.
- ☺ 《Maze Runner》를 읽고 영화 트레일러를 만들어 보자.

이러한 활동을 바로 말하기와 발표로 연결시키면 언어의 통합적 발달에 매우 유익하다.

주제 발표하기

책의 내용 발표뿐만 아니라 '주제를 정해서 발표하기'도 자연스럽게 하면 힘들이지 않고 발표력 향상에 도움을 준다.

환경, 위인 등의 주제를 선정하여 글쓰기를 해오게 하고, 발표를 시키고 촬영한다.

이왕이면 구체적이고 트렌디한 토픽을 선정하는 것이 좋다.

주제 선정이 번거롭고 쉽지 않다면 추천하는 책은 리딩 퓨쳐 Change나 브릭스 Subject의 텍스트를 추천한다. 매우 트렌디한 주제로 리딩 퓨쳐의 Change 이상의 지문은 굉장히 인상적이었다.

초등학교 고학년 때 이러한 수업을 하면 중학교에서 하는 수행평가와 서술형 시험에 큰 도움이 된다.

원서를 읽으면서 문해력이 향상되면 수학능력 시험을 치를 때 긴 지문에 당황하지 않고 익숙하게 풀 수 있어 수능 대비 효과도 있다.

9.
사고력을 키우는
글쓰기 노하우

아이들의 영어 글쓰기 능력은 어떻게 키워주는 것이 좋을까?

많은 질문을 받기도 하지만 내가 아이들의 글쓰기 능력을 성장시켜 주는 방법도 역시 책에서 시작한다. 그림책을 읽을 무렵, 그림책을 읽고 나서 문장 따라 쓰기가 시작이다.

어린 나이에 할 수 있는 글쓰기 전 작업으로 손의 힘을 길러야 한다. 손의 힘을 기르려면 5세부터는 선긋기, 미로 찾기, 색칠하기 등의 활동을 하면서 소근육을 발달시켜야 한다. 그리고 나서 6~7세 때에 알파벳을 쓰기 시작하면서 단어 하나씩이라도 즐겁게 따라 쓰기를 하게 하면 아이들에게 큰 스트레스 없이 쓰기의 기쁨을 줄 수 있다.

그림책을 읽고 그림 그리기, 미니북 만들기 등의 활동도 할 수 있지만, 그림 그리기를 힘겨워 하는 아이들도 있다. 그래도 글씨 이전에는 그림이다. 문자 이전에 상형문자가 있었듯이 아이의 생각을 표현하게 하는 그림으로 먼저 터를 닦아주어야 한다. 손의 힘을 먼저 길러 놓은 아이들이 나중에 쓰기도 빨리 적응하여 잘할 수 있게 된다. 어떤 엄마들은 이렇게 말한다. "아이가 글씨를 쓰면 잘한 것이고, 그림을 그리면 낙서한 것이다.", "장난친 것이다.", "시간 낭비다." 이런 분들을 보면 안타까움이 앞선다. 그림도 아이들의 생각을 표현한 것이므로, 글씨를 잘 못쓰는 아이에게 억지로 글씨를 쓰도록 하기 전에 그림으로 표현이 충분히 되는지를 먼저 살펴 본다. 그래서 조금이라도 그림으로 잘 표현했다면 잘했다고 칭찬해 주어야 한다. 칭찬받은 아이들은 나중에 자기 생각을 표현할 때도 눈치 보지 않는다.

이러한 과정을 거친 후에 글씨 쓰기가 되는 아이들은 책의 문장을 따라 쓰다가 자신의 문장으로 바꾸는 작업을 하기도 한다. 영어 말하기를 했으면 그 말을 기억해서 쓸 수 있도록 연결시켜 주어야 한다. 계속 강조하지만 그래야 통합 수업이 완성된다. 언어의 영역은 참으로 신기하다. 듣기, 말하기, 읽기, 쓰기 영역이 다 다르고 각각의 노력이 필요하다. 균형 있는 통합 교육이 되려면 영역을 연결해야 한다. 그렇게 하다가 배운 동사를 넣어 자기 말로 바꾸기, 표현

배워서 작문하기 등을 하면 문법에 대한 갈증도 생기기 마련이다. 그때 문법 수업을 끼워 넣으면 익숙해진 어순과 함께 영어적 표현법을 배워가게 된다. 그리고 배운 것으로만 끝내지 않도록 반복적인 훈련 과정을 넣어줘야 다시 실수하지 않는다.

이러한 쓰기를 원서로 말하기 수업과 연결시켜 아웃풋 훈련을 해나간다. 영어 일기 쓰기도 하고 북리포트도 한다. 평소 읽은 것, 경험한 것을 쓰는 훈련을 해야 한다. 그리고 나면 아이들이 책에서 봤던 표현과 단어도 쓸 수 있고, 외우지 않았어도 쓸 수 있는 단어가 많아진다.

이것이 내가 말하기 교재와 쓰기 교재를 따로 사용하지 않는 이유다. 말하기 교재는 써본 적이 없고, 쓰기 교재는 몇 가지 써 보았지만 큰 도움이 되지 않았다. 오히려 인위적인 가이드는 자유로운 글쓰기를 방해한다고 생각된다. 물론 쓰는 양을 늘려주기 위해서 아이들에게 가이드가 되는 쓰기를 연습용으로 제시하기도 하지만, 초등학교 저학년 아이들에게 문법을 별도로 가르치지 않고도 자연스러운 쓰기를 유도하는 방법이 있다.

원서를 읽었으면 원서 내용을 요약하여 말하기를 하고, 또 쓰기를 하는데, 이때 Graphic Organizer와 북 리포트를 사용한다. 한때 종이를 한 장 주면서 내용을 쓰라고 한 적이 있었는데, 이때 아이들은 시키는 대로 써 내려가기는 했지만 정말 힘들었을 것이다. 고민을 하다가 마인드맵을 활용하는 방법을 생각하게 되었다. 처음에는 내 멋대로 하다가 마인드맵을 온라인으로 교육하시는 분을 알게 되어 마인드맵의 세계에 정식으로 입문하여 배우게 되었다.

배우면 배울수록 마인드맵의 효과에 감탄하게 되었고, 아이들 글쓰기에 접목하게 되었을 뿐 아니라 나 자신에게도 큰 도움이 되었다. 생각은 많고 정리가 잘 안 될 때 마인드맵이 좋았다. 그렇게 하여 나는 좌뇌와 우뇌를 다 건드리고 정리 및 장기 기억뿐 아니라 쓰기에도 도움이 되는 매력덩이 마인드맵을 우리 아이들에게 제대로 접목시키게 되었다.

아이들은 마인드맵에 금세 적응하였고, 이어서 쓰기 시작했다. 글쓰기뿐 아니라 사고력과 창의성에도 도움이 된다고 생각하니 이만한 글쓰기 교재가 없다고 느껴져서 매달 1회 이상은 책을 정리하면서 마인드맵을 시행한다. 어쨌든 아이들은 마인드맵을 통해 북 리포트도 하고 주제 글쓰기도 한다. 교사가 매번 글쓰기 자료를 찾아서 만들거나 준비하는 것도 좋지만, 마인드맵은 간편하면서도 때론 더 큰 효과가 있다. 꼭 한번 시도해 보시길 권해 드린다.

교사나 엄마들은 반듯한 교재나 워크시트가 있어야 아이들이 공부를 잘한 것처럼 느낄 수도 있지만, 사실 빈 종이가 창의성 계발에는 가장 효과적이다. 물론 시간이 걸리고 처음에 힘들어 하는 아이들도 있지만, 어떤 교재보다 아이들의 창의성과 가능성을 끌어낼 수 있는 것이 빈 종이라는 생각에는 지금도 변함이 없다.

마인드맵 하는 법을 간단하게 소개한다.

01. 중앙 이미지를 그린다. A4 용지를 가로로 놓고 가운데에 중앙 이미지를 그린다. 이것은 매우 중요하다. 북 리포트로 하려면 책 제목을 넣고, 주제로 하려면 주제 제목을 적는다. 작가 이름이나 부제를 적고, 책에 나온 이미지나 그림을 그려 넣어도 좋다. 교사가 프린트하여 붙이게 할 수도 있다.

02. 중앙에서 줄기를 뻗어 나가서 한쪽에 Characters_{등장 인물들}를 적게 한다. 간단히 이름만 적을 수도 있고, 주요 특징까지도 상세히 적게 할 수 있다.

03. 다른 줄기를 뻗어 나가서 한 쪽에 Story를 쓰도록 한다. 이야기를 요약해서 쓰게 하는데, 처음에 하는 아이들은 책을 보고 써도 좋다고 설명한다. 아이들이 주요 내용을 뽑아내어 요약하는 능력을 키우기에 좋고, 알게 모르게 필사 연습도 할 수 있기 때문에 적극 추천한다. 이 과정이 지나면 책을 보지 않고 스스로 자신의 기억에 의존하여 이야기를 써내려가는 아이들의 놀라운 능력을 볼 수 있을 것이다.

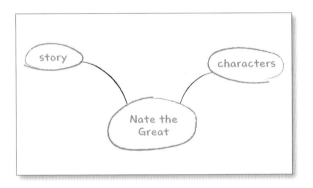

04. 다른 공간에 또 한 줄기를 뽑아내서 My opinion나의 견해 혹은 My thought나의 생각를 쓸 수 있는 기회를 준다. 처음에는 선생님의 도움을 받아서 책이 재미있었다, 좋았다 등의 간단한 표현부터 가장 좋았던 장면과 이유라든지 구체적인 질문을 던져서 아이들이 가능한 한 구체적이고 많이 써내려갈 수 있도록 도우면 좋다.

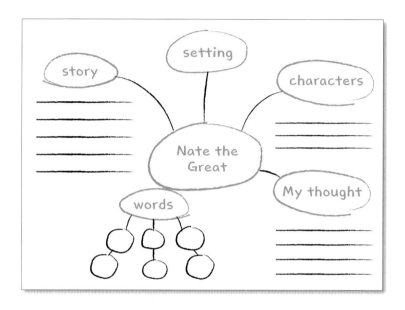

마인드맵을 배울 때 형식에 치우치지 말고 자유롭게 그리게 하면 되지만, 몇 가지 효과적인 원칙들이 있다. 그것은 바로 ① 중앙 이미지를 중심으로 가지 치기, ② 덩어리로 묶어서 색깔을 다르게 하면서 시각적으로 구분하기이다. 또한 배울 때 중요한 키워드에 그린 다음 가지를 쳐나가게 한다. 하지만 북 리포트에서는 문장으로 써야 하므로 큰 테두리를 정해 주고, 아이들이 그 안에 문장을 쓰도록 한다.

그림 그리기나 색깔 칠하기에 많은 시간을 들이지 않도록 한다.

그림 그리기를 힘들어 하거나 동그라미 그리기를 어려워 하는 저학년에게는 선생님이 직접 그려서 만든 마인드맵을 복사하여 준다.

이때 그래픽 오거나이저Graphic Organizer나 여러 가지 형식의 북 리
포트를 사용하는 것도 좋은 대안이라고 생각한다.

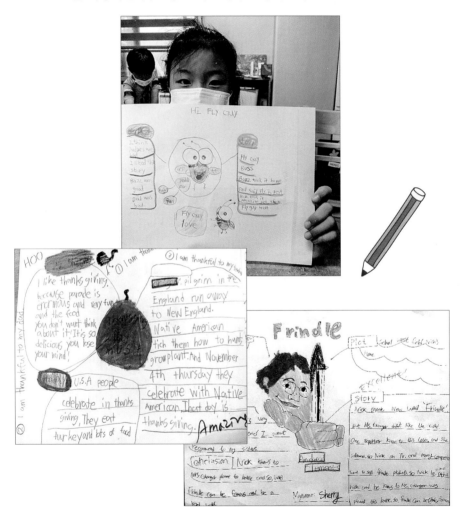

OREO

글쓰기 영역은 나도 입문한 지 얼마 되지 않아 막 알기 시작한 영역이지만, 주제 글쓰기를 할 때 효과적인 기법을 알게 되었다. 그것은 바로 OREO기법이다. 다른 표현으로 PREP이라고도 하지만, 내용은 같다.

→ Opinion : 글쓰기에서 자신의 의견과 주장이다.

→ Reason : 그 의견을 주장하는 이유를 쓴다.

→ Example : 예를 들어 자신의 의견을 뒷받침한다.

→ Opinion : 다시 다른 표현으로 자신의 의견을 주장한다.

OREO기법으로 주제 글쓰기를 지도하면 아이들이 논리적인 글쓰기를 위해 생각하기 시작한다. "왜 그렇지? 어떤 이유가 있을까?" 이 과정에서 사고력이 향상된다. 그리고 멋있는 글들이 나온다. 이 글쓰기 기법은 하버드대학의 강좌에서 비롯되었다고 한다. 많은 작가들도 이 기법을 기준으로 글을 쓴다고 한다. 그리고 많은 글들이 이러한 공식으로 쓰여 있기에 나중에 시험 문제의 지문에서 본문을 파악하고 중심 생각 찾기 등의 문제를 풀 때는 이미 훈련되어 있으므로 당황하지 않고 쉽게 문제를 풀어갈 수 있다.

이 방식을 활용하여 아이들에게 주제를 제시한 후 글을 쓰게 한다. 주제를 제시할 때에는 항상 구체적이어야 한다. 이러한 방법을 활용한 반복적인 연습을 통해서만 아이들만의 글쓰기 습관과 능력이 향상된다.

나의 경우 리딩 퓨쳐 텍스트를 공부하고 나서 그 본문으로 주제 글쓰기를 하니 매우 능률적이었다.

하루는 초등학교 2학년과 초등학교 3학년 학생들이 그날 공부한 fastest punch를 가진 mantis shrimp에 대한 글을 쓰기로 했다.

→ O : 그 새우에 관한 자신의 생각을 쓰고

→ R : 이유를 쓴다.

→ E : 예를 들어 쓸 때는 자기가 어디서 알게 되었는지 자신의 경험이나 다른 사람의 경험 혹은 책이나 미디어와 같은 다른 매개체를 통한 간접 경험을 예로 들어서 쓴다.

→ O : 다시 자신의 의견을 다른 표현으로 쓴다.

다음은 이 날 학생들이 쓴 글이다.

초등학교 저학년부터 고학년뿐 아니라 그 이상의 학생들도 이러한 기법으로 글쓰기를 연습할 수 있다.

초등학교 3학년

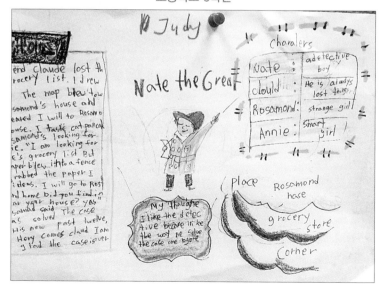

10.
소리 영어

원서로 아이들을 가르치다 보니 리딩 레벨을 올리는 것은 의외로 어렵지 않았다.

하지만 눈으로만 리딩 실력을 키우다 보니 영어 듣기와 말하기가 잘 안 된다는 것을 깨닫게 되었다. 많은 고민을 거듭하다가 '소리 영어'를 만나게 되었다. 진짜 영어 소리를 듣고 반복적으로 따라 말하며 습득할 수 있다는 방식은 언어로서 영어를 습득하는 부분과 일맥상통하고, 꼭 필요한 부분이며, 즐겁게 잘할 수 있을 것 같아서 시도하게 되었다. 소리 영어 교육은 원서 영어 교육과 연결되는 부분이 제법 많다.

소리 영어 교육이 무엇이냐고 학부모님들께서 묻는다면 이해하기

쉽도록 이렇게 말씀드린다.

"애니메이션을 반복적으로 따라 해서 귀를 트이고 말을 트이게 하는 영어 학습법입니다."

소리 영어 교육 전문가들은 조금 다른 방식으로 설명하겠지만, 고객인 학부모와 아이들이 가장 이해하기 쉬운 말로 설명하면 위와 같다. 소리 영어 교육은 《본 잉글리시》 정현수 원장님의 세미나를 통해 처음 알게 되어 시작하였고, 심화 과정까지 배우면서 원리와 노하우를 배웠다. 또한 소리 영어 교육에 관련된 시중의 책들을 읽으면서 심도 있게 연구하기 시작했다.

그런 연후에 일단 아이들에게 적용해 보기 위해 특강을 열었다. 3개월이 지나자 어머니들의 피드백이 있었다.

"집에서 영어로 중얼거려요!"

"영어 발음과 억양이 완전히 달라졌어요!"

"영어로 말하려고 해요!"

혼자서 영어 문장 읽기가 약했던 아이들이 자막을 통해서 리딩 실력이 올라가고 쓰기 실력도 향상되고 있었다. 8개월이 지나자 나는 그동안의 일들을 침 튀기면서 간증하고 다녔다.

'소리 영어'를 한 아이들의 실력이 눈에 띄게 향상되었다. 영어를 언어 그대로 받아들이고, 듣고 말하기뿐만 아니라 읽기에 대한 자신감도 생기고, 쓰기까지 눈에 띄게 달라졌다. 파닉스를 제외한 모든 수업에서 본격적으로 소리 영어를 넣어서 수업하기 시작했다. 아이들의 듣기 능력이 크게 향상되었고, 읽기가 수월해져서 자신감 있게 언어로 받아들이고, 어느 정도 임계점을 지난 아이들은 영어로 말하기 시작했다. 말을 하는 아이들은 쓰기도 제법 하게 되었다. 영어로 내는 소리의 억양과 발음도 이전과는 천양지차였다.

소리영어를 도입한 것은 2019년도 1월이었으니 이제 만 2년이 넘어가고 있다. 소리 영어를 도입한 이후 큰 변화는 아이들의 귀가 뚫리게 되었다는 점이다. 귀가 뚫리니 같은 원서 영어 수업을 해도 훨씬 재미를 느끼고, 원서를 통해서 하는 많은 수업을 편안히 잘 받아들이게 됨으로써 결국 영어 아웃풋이 나오게 되었다. 물론 어린아이들이나 듣기에 약한 남자아이들은 애니메이션의 대사를 듣고 반복하여 따라 말하기를 별로 좋아하지 않거나 힘들어 할 수도 있다. 그러나 적응이 된 아이들은 당연히 실력 향상이 이루어졌다.

소리 영어 교육의 포인트는 영어와 한국어의 주파수 대역이 아주 다르다는 점에 있다. 고주파수 대역인 영어 발음은 한국어의 주파수에 익숙해진 사람들에게는 제대로 들리지 않는다고 한다.

다음의 표를 보면 언어의 주파수가 영어와 한국어가 얼마나 다른

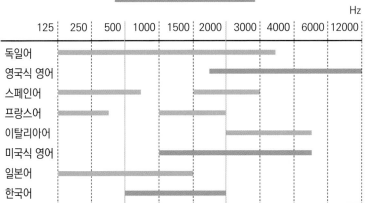

출처 : 윤재성(2017). 말할 수 없는 비밀, 들리지 않는 진실. 베리북.

지 알 수 있다.

표를 보면 영어의 주파수는 고주파임을 알 수 있다. 우리말은 저주파에 속하고, 일본말은 우리보다 더 낮은 주파수 대역에 존재한다. 일본인들이 우리보다 영어를 더 못하는 이유와도 관련이 있어 보인다.

이러한 이유로 들리지 않는 주파수 대역의 언어는 들으려고 아무리 노력해도 들리지 않기 때문에 결국 영어를 싫어하게 된다. 또한 영어에 대한 열정으로 들리지 않는 소리를 듣기 위하여 이어폰 볼륨을 계속 키운 나머지 청력만 약해졌다는 열정파들의 이야기를 들어보면 안타까울 따름이다.

나는 잠수네식으로 아이들을 지도하지는 않았다. 그런데 잠수네식으로 학원을 크게 하시는 분의 세미나와, 소리 영어 세미나에 갔었는데, 두 가지가 서로가 다른 방식이라는 데에는 의견을 같이하였다.

사람들마다 의견이 다르겠지만, 나는 교사로서 소리 영어 교육 방식을 좀 더 선호한다. 잠수네는 아예 티칭을 뺀 습득만으로 지도한다. 그 방식이 통하는 아이들도 있지만, 안 통하는 아이들도 있다. 소리 영어 훈련은 쉽게 말하면 애니메이션, 미국 드라마, 영어권 영어의 대사 등을 큰소리로 똑같이 흉내내어 따라 말하면서 자연스럽게 소리를 입에 붙여가는 공부법이다. 백 번 듣고 따라 말하면 자기 문장이 된다고 주장하는 사람도 있고, 영화 대사를 완전히 외워서 자기 문장이 되도록 씹어 먹었다는 사람도 있다. 어쨌든 수십 번 수백 번의 반복을 통해서 툭 튀어나오게 입에 붙여 놓으면 그 소리가 들리게 된다는 것이다.

'all by my self'라는 팝송의 가사가 우리나라 말인 '오빠 만세'로 들리는 현상을 '몬데그린 현상'이라고 한다. 몬데그린 현상에서 볼 수 있듯이, 우리는 익숙한 주파수 대역으로 듣게 된다. 예전에 전화번호를 소리 내서 말하면서 기억에 저장하였듯이, 따라 말하면 들을 수 있는 영역이 넓어지고 몸이 자연스럽게 기억하게 된다.

만약 귀를 뚫기 위해 엄마표 잠수네 식으로 공부한다고 가정하면,

3,000시간을 들으려면 매일 2~3시간씩의 영어 듣기 노출을 최소 3년간 해 주어야 한다. 물론 이를 통해 효과를 볼 수도 있겠지만, 그렇게 효과를 보기까지 3년이라는 세월 동안 투입되는 엄마와 선생님의 노력이 상당하고, 그렇게 들어도 효과를 못 보는 아이들이 생길 수도 있다. 잠수네식으로 영어 교육을 하셨던 분조차 쉽지 않은 길, 힘든 길이라는 것을 인정하시고 함부로 추천하기 어렵다고 하셨다. 그렇다면 하루에 2~3시간 듣기 이외에 다른 방식으로 귀를 뚫어 주는 방식이 있다면 그것은 바로 반복하여 따라 말하기 훈련인 소리 영어이다.

아이들에게 적용해 본 결과 따라 말하는 소리 영어 훈련 방식은 오랜 시간 동안 많은 양의 소리 노출만 해주는 잠수네 학습보다 좀 더 단기간에 효과를 볼 수 있었다. 물론 잠수네 학습법에서도 어느 정도가 되면 '연따'라고 하는 듣고 '연속해서 따라하는 습득법'을 통해 아웃풋 훈련을 하기도 한다. 많은 관련 단어들이 있다. '연따', '쉐도잉', '소리 영어' 등 어느 것이듯 아웃풋 훈련은 언어 습득에는 필수적이다.

실제로 내가 아이들에게 직접 적용해 보니 빠르면 2개월 만에 영어로 내는 소리 자체가 변화되고 더 편안하게 말하게 되었다.

그렇게 뚫은 귀로 즐겁게 영어책 집중 듣기를 하면서 청독을 해나가는 잠수네 영어 학습법과 병행한다면 금상첨화일 것이다. 나는 소리 영어 교육의 전문가는 아니기 때문에 전문적으로 소리를 어떻게 내야 한다는 말은 여기에 쓰지는 않겠다. 다만 소리 영어 교육을 내가 아는 만큼, 그리고 실제로 효과를 본 만큼은 이야기할 수 있을 것 같아서 그러한 근거로 이야기했다.

소리 영어 수업을 병행하니 원서만 가지고 수업을 진행할 때보다 아이들의 듣기 능력이 많이 향상되었다. 6개월 만에 레벨 테스트를 해 보았더니 본인의 리딩 레벨보다 리스닝 레벨이 더 높아져 있는 것을 확인했다. 리딩 레벨이 미국 초등학교 기준 1학년 정도가 된 아이들의 리스닝 레벨은 1에서 2.5까지 높아져 있었다. 예전에 원서로만 했을 때와 비교하면, 이제 책을 막 혼자 읽기 시작한 레벨의 아이들은 더듬더듬 책을 읽어가지만 책의 이해도는 많이 떨어지는 편이다. 읽기 실력만 키웠을 뿐 단어의 뜻도 모르고, 듣기가 안 되다 보니 읽으면서 이해하는 독해력도 많이 떨어졌었다.

하지만 이번에 소리 영어 수업을 해서 리스닝 레벨이 2로 높아진 아이들에게 레벨 1.5 정도의 책을 수업하였더니 이전의 수업 때보다 훨씬 수월하게 원서 영어 수업을 따라오고 영어 문답도 가능했다. 뿐만 아니라 워크시트를 통한 문제 풀이도 훨씬 잘 해냈다. 리딩 능력이 좀 더 되는 아이들은 벌써 혼자 읽고 풀기까지 했다. 교사로서도 영어 교육을 해나가는 즐거움을 느끼는 만큼 확실히 아이들도 즐기면서 따라와 주었다. 뿐만 아니라 같은 시리즈의 다른 책들도 호기심을 가지고 읽고 싶어했다.

이번에 원서 리딩 레벨 1 반의 수업에서 있었던 일이다. 'fly' 하면 떠오르는 단어를 말해 보라고 하면, 이전의 아이들은 'dirty', 'slimy' 등 책에서 나온 단어 정도를 이야기하는 것이 다였다. 그런데 이 수업에서 한 남자아이가 소리친다. "disgusting!" 깜짝 놀랐다! "너 이렇게 어려운 단어 어떻게 알았어?" 물으니 애니메이션 《맥스 앤 루비》에서 맥스가 이야기했다고 한다! "와! 아이들의 습득력이란!" 하며 놀라워했다. 정말 잘했다고 칭찬해주었다.

이런 식의 사례들이 너무나 많다. 매 순간 교사로서 감격하는 일들이 생긴다. 귀가 뚫린 후 언어의 날개를 달고 날아오르는 아이들을 볼 때 한없이 기쁘고 감격하게 된다. 내가 모든 것을 가르쳐 줄 수 없음을 깨닫고, 널려 있는 영어 학습 도구들을 잘 활용하기 시작하면 온전한 언어authentic language로서의 영어를 배우는 길이 열린다. 애니메이션 학습법은 열 원어민 선생님 부럽지 않은 효과를 주었다. 이미 우리나라에도 널려 있는 미디어 교재를 활용해서 영어 유창성을 키울 길이 우리 앞에 펼쳐진 것이다. 소리 영어 수업 이후 가시적인 효과가 크기 때문에 아이들과 어머님들에게 한층 매력적으로 다가갈 수 있었다. 아이들의 영어 실력 향상에도 효과가 있었고, 교습소 운영에도 큰 도움이 되었다.

    그렇다고 해서 소리 영어가 모든 것을 해결해 주는 것은 아니다. 반복해야 하니 인풋의 양이 적기 때문이다. 그러므로 인풋의 양을 늘려주어야 한다. 이때 영어 인풋은 책 읽기를 활용해야 한다는 것이 나의 주장이다. 물론 전문적으로 소리 영어만 하시는 분들은 영어 노출을 소리 영어로만 진행한다. 그래서 매일 또는 최소 주 3회 이상의 수업을 통해 노출 양을 늘리고, 소리 영어와 함께 문법을 집중 수업하는 것을 볼 수 있었다. 하지만 나는 다시 원서로 돌아가서 답을 찾았다. 인풋의 양을 늘려서 영어의 바다에 빠지게 하는 것과 스스로 자신의 생각을 말하고 쓰게 하는 것 모두 원서를 통해서 해결했다. 언어 능력은 외국어든 모국어든 모두 책읽기를 통해 이루어진다고 나는 믿고 있다. 책을 읽고, 말하고, 쓰는 행위를 통해 언어 능력이 길러지는 것이다. 이것이 나의 교육 방식의 근간이다.

    이제 나의 영어 교육 팁을 좀 더 구체적으로 설명한다.

    나는 소리 영어 전문가는 아니다. 전문적으로 하시는 분들은 보컬 트레이닝 법부터 전문적인 스킬과 노하우를 가지고 진행할 것이다. 하지만 나는 내가 이해한 대로 적용하면서 터득한 방법과, 책과 세미나에서 얻은 전문가들의 조언을 받아들여 적용하고 있다. 소리 영어 교육을 본격적으로 하기 전에 영어의 소리와 한국어의 소리가 주파수 대역도 완전히 다르고 소리를 내는 방식도 많이 다르다는 사실을 인지할 필요가 있다. 그래서 복식 호흡이나 발음 교정 등을 먼저 진행한 다음 소리 따라 말하기가 훨씬 효율적이다.

우리나라 말로 소리를 낼 때는 주로 얼굴과 목에서 내지만, 영어는 배에서부터 소리가 나오면서 콧소리가 섞인다. 모방 능력이 뛰어난 아이들은 이러한 연습이 없어도 똑같이 따라할 수 있다. 그러나 한국식 발음에 고착된 아이나 호흡이 짧은 아이는 복식 호흡을 충분히 훈련시킨 다음 뱃심으로 많은 소리를 한꺼번에 쏟아 낼 수 있는 연습을 시키면 소리 교정에 도움이 된다.

복식 호흡 연습

복식 호흡 연습이 아이들에게 얼마나 도움이 되는지는 수치로 측정할 수 없지만, 이전보다 수월하게 영어 소리를 뱉어낸다면 그것으로 충분하다고 생각한다. 복식 호흡과 영어 말하기를 집중적으로 연계시키기 위해서는 '영어 말하기 대회'에 출전시키거나 자체적으로 '영어 말하기 대회'를 열어 아이들을 독려하는 방법도 있다.

인토네이션 연습

영어에는 인토네이션이 있다. 강세와 약세와 연음과 액센트가 있다. 이것을 똑같이 카피하면 영어를 좀 못해도 잘하는 것처럼 들린다. 그래서 발음보다 인토네이션 교정을 먼저 하고, 그 이후에 발음 교정을 한다.

영어 문장을 말할 때 '파도처럼 웨이브가 있다'고 생각하면 된다는 글을 소리 영어 교육 전문가의 책에서 보았다. 먼저 소리를 듣고 액센트를 똑같이 카핑하려면 한국말처럼 모든 단어에 강세를 주어 또박또박 발음하는 것이 아니라, 강세와 약세를 기억하여 노래와 같이 카핑해야 한다. 그리고 나서 발음을 교정해 준다.

소리 영어 교육을 통해서 발음이 가장 좋아지는 때는 이제 막 글을 읽으려 하는 저학년 학생들이다. 글씨를 소리보다 먼저 깨친 아이는 소리가 잘 안 들리므로 자꾸만 자막을 보고 읽으려 하기 때문에 오히려 소리를 습득하는 데 방해가 된다. 그 아이들에게는 아직 가능성이 있으니 자막 없이 소리만 듣고 그대로 흉내내는 연습을 시켜야 한다. 그래서 오히려 글자를 아직 덜 깨친 아이들이 소리를 먼저 접하면 발음이 훨씬 좋아지고, 귀가 먼저 트이고, 리딩도 빨라지고, 쓰기까지 좋아지는 효과를 볼 수 있다.

발음 연습

영어는 발음도 우리나라 말의 발음과는 다르다. 처음 파닉스를 시작할 때 혀의 위치나 소리내는 방식을 잡아주면 더 정확한 교육이 가능하다. 단어를 발음할 때 문자를 통해서 하는 발음은 생각보다 오류가 많다. 소리를 듣고 발음을 똑같이 내려고 하는 것이 더욱 좋고, 원어민의 입모양을 보면서 발음을 정확하게 하려는 연습이 필요하다. 이러한 발음 교정은 지속적으로 정확하게 이루어져야 한다.

발음 교정이 중요한 이유는 말 자체는 발음하는 대로 들리기 때문이다. 한국식 발음을 고수하면 안 되는 이유는 듣기 능력 때문이다. 발음이 중요하다는 것을 소리 영어 교육을 하면서 더 명확히 깨닫게 되었다. 바닐라가 아닌 '버닐라', 비포가 아닌 '버포어', 카메라가 아닌 '캐므라' 이런 식으로 발음을 교정하면 듣기와 말하기 둘 다 좋아진다. 한국식 발음이 좋지 않은 아이들은 당연히 영어 발음도 좋지 않을 수밖에 없다.

발음이 정확하지 않은 이유는 구강 구조의 문제이거나, 우리말 발음에 이미 고착되었기 때문이거나, 듣기를 할 때 영어 소리를 제대로 경청하지 않아서 등 여러 가지 있을 것이다. 교정이 필요할 때면 아나운서들이 하는 것처럼 발음 교정기를 물고 영어 발음을 연습한다. 발음 교정기가 없으면 나무젓가락을 물고 연습하면 발음을 교정할 수 있다.

이제 소리 영어 교육에 본격적으로 들어가 보자.

소리 영어 교육을 위해 아이들의 수준과 취향에 따라 애니메이션을 선택한다.

일단 애니메이션 한 편이 5분 넘지 않게 편집되었거나, 구간을 반복시킬 수 있는 프로그램을 사용하면 유익하다. 물론 넷플릭스나 유튜브를 사용할 수도 있다. 하루 10문장에서 20문장까지 범위와 분량을 정한다. 여러 가지 방식이 있겠지만, 소리 영어는 소리 그대로를 따라 듣고 따라 말하기에 집중해야 한다. 그래서 처음부터 자막을 보여주는 것이 아니라 소리를 그대로 들을 수 있도록 해 주어야 한다.

그리고 나서 자막을 보여 주고 연습시키고 3번 따라하기, 2번 따라하기, 속도 조절 등을 반복 훈련을 한다. 그리고 나서 자신 있게 한 명씩 큰소리로 따라 말하기를 시키고, 자막 없이 다시 따라 말하게 한다.

지도하는 사람에 따라 약간씩 차이가 날 수 있겠지만, 결국 소리를 그대로 듣고 많이 따라 말하는 기본 원칙에 충실하면 거의 외우다시피 해서 아이들은 소리 없이도 똑같이 말하게 된다.

그런 다음에 애니메이션 더빙이나 프리젠테이션이나 롤플레잉 등을 시켜서 결과물을 자기 것으로 만들도록 유도한다. 나아가 읽기와 쓰기 능력까지 향상시키려면 자막을 활용하면 좋다. 자막 읽기뿐 아니라 자막을 노트에 쓰게 하는 것도 많은 효과가 있었다. 자막 쓰기는 필사 행위를 통해서 알게 모르게 많은 것을 얻을 수 있기 때문이다. 그 이후 문장을 들려주고 받아쓰기를 시키면 아이들이 소리를 문자로까지 체득해 가는 데에 큰 도움이 된다.

일단 교사는 실제로 직접 해보면서 자기만의 루틴을 만들어야 한다. 나의 경우는 위의 방식으로 하지만, 랩실에 계시는 코칭 선생님은 조금 다른 방식으로 결과를 만들어낸다. 정리의 여왕 케이트 선생님께서 만든 소리 영어 자기 주도학습 루틴표를 허락을 받고 공유하겠다.

소리 영어 자기 주도학습 루틴표

단계	자막	방법	비고
1단계	영자막	내용 파악	편하게 들으면서 내용 이해하기
2단계	영자막	소리 연습	약 20문장씩 분할해서 충분히 따라 읽기
3단계	무자막	후따	자막 없이 소리 듣고 따라 말하기
4단계	무자막	정따	똑같이 따라 말하기
5단계	무자막	무따	장면을 보면서 대사 기억해서 말하기

* 더빙 : 2달에 한 번 더빙

위의 표는 랩실에서 코칭해 주시는 선생님께서 만드신 소리 영어 루틴표이다. 이 분은 매일 20문장을 아이들과 함께 일정한 루틴으로 진행하고 있었다. 물론 이것이 절대적인 기준은 아니다. 자기가 직접 체험하면서 자신만의 루틴을 만들고 아이들에게 적용하는 것이 좋다.

소리 영어 교육을 하는 학원들은 자체적인 소리 영어 프로그램을 만들거나 청취닷컴과 같은 프로그램을 도입하기도 한다. 기본적으로 네이티브 박스나 리핏이라는 컴퓨터 프로그램을 통해서 조금씩 나만의 자료를 만들어갈 수 있다.

하지만 작은 영어 교습소를 운영하면서 소리 영어 프로그램까지 만드는 것은 이래저래 부담이 된다. 그래서 필자의 경우 프로그램을 유료로 구매하여 사용하고 있지만, 프로그램의 이름은 밝히지 않겠다. 하지만 이런 프로그램이 없어도 유튜브나 넷플릭스에 있는 많은 자료를 손쉽게 사용할 수 있는 방법이 있다. 무료 프로그램인 곰플레이어를 통해서 쉽게 재생할 수도 있다.

소리 영어 교육 방법(구체적)

→ Step 1 : 학생의 레벨에 맞는 비디오의 한 에피소드 중에서 일부를 선택한다(2~5분을 추천한다).

예를 들어 기초반에 오는 아이들은 《Max and Ruby》 애니메이션 중에서 한 에피소드를 고른다(가정에서 할 때에는 아이의 취향을 더욱 반영해도 좋다).

→ Step 2 : 영어/한글 자막 : 처음에는 재밌게 한 편을 즐겁게 감상한다.

→ Step 3 : 영어 자막 : 수업 시간의 구성에 따라 하루에 연습할 문장의 분량을 정해서 따라 말한다. 예를 들어 한 시간 동안 10문장을 타겟으로 해서 가능하면 많이 반복해야 하는데, 이때 지루하지 않게 하는 게 관건이다. 처음에는 소리를 듣고 다음에는 따라해 보게 한다. 그리고 속도를 느리게 해서 또 두 번 반복해서 따라하게 한다. 반복이 지루하지 않도록 〈클래스 카드〉로 단어 배틀, 퀴즈 놀이, 녹음도 하면서 거의 외울 정도로 여러 번 따라한다. 기왕이면 횟수를 정해주는 것이 좋다.

고학년은 자막과 함께 듣고 따라하기 10회, 자막 없이 듣고 따라하기 10회, 자막과 동시에 따라하기 10회, 자막 없이 따라하기 10회를 거쳐 상황을 생각하며 연기하듯 말하기 3회를 해내도록 시킨다. 핵심은 따라할 때 똑같이 'copying' 하는 것이다.

→ Step 4 : 그날 영어 자막을 필사하게 한다. 아이들이 필사하면 빠르게 성장하는 것을 느낄 수 있다. 소리 영어를 하지만 리딩과 글쓰기도 속도가 붙는다.

→ Step 5 : 그 문장을 오롯이 머리 속에 넣기 위해 해석을 시킨다(해석이 어려운 아이들은 해석해 주면서 우리말로 다시 한 번

이해시킨다).

→ Step 6 : 무자막 : 문장을 어느 정도 외우게 되면 자막 없이 소리만 들려 주고 따라 말하게 한다.

→ Step 7 : 무자막 : 대사 부분의 소리를 빼고 주인공들처럼 연기하듯이 카핑하는 목소리로 똑같이 말하게 하고 더빙을 해서 화면 녹화를 한다.

원서와 소리 영어의 접목

원서 영어와 소리 영어 교육을 하다 보니 두 가지가 다른 메커니즘이라고 하신 소리 영어의 정현수 원장님의 말씀을 이해하게 되었다. 원서 영어와 소리 영어 둘 다 언어로서의 '진짜 영어'를 사용하는 도구이다. 그런데 원서 영어는 문자이고 소리 영어는 그대로 소리이다 보니 상충되는 이론들이 있고, 학습 방식도 그런 부분이 있다. 그래서 원서 영어와 소리 영어 교육의 접목은 쉽게 볼 일이 아니었다.

처음에는 이 두 가지 교육 방식이 융합된 결과가 엄청날 것이라고 기대하면서 시작했다가 상충되는 부분들 때문에 원서 영어 또는 소리 영어 한쪽으로 기울어지거나, 한쪽은 포기하는 원장님들도 보아 왔다. 하지만 둘의 효과를 제대로 본 필자는 두 가지 다 포기하고 싶지 않았기에 계속 시도하다 보니 나름의 접목 지점을 발견할 수 있었다.

여기서 로지샘만의 접목법을 살짝 공개한다.

첫 번째, 원서를 통한 교습 방식을 단순화시킨다.

원서를 낭독하게 하고, 원서를 이용하여 말하기 스킬을 키운다. 말한 것을 쓰게 한다북 리포트 형식. 원서 워크시트는 거의 사용하지 않는다.

원서를 이용하여 말하기에 중점을 많이 둔다.

소리 영어로 귀가 트인 상태에서 딕테이션이 아닌 쓰기를 한다. 딕테이션은 듣기 능력만 키워줄 뿐이지 말하기와 상관이 없다. 차라리 딕테이션보다 필사를 시키는 것이 낫다. 가능하면 들은 것과 말한 것을 요약해서 쓰게 하고, 자기 생각을 쓰게 한다.

학습할 때에는 원서 영어로 읽기와 쓰기만, 소리 영어로는 듣고 말하기만이라는 선입견을 버리고 유기적으로 연관시킨다.

두 번째, 콘텐츠 내용을 통일시키면 더욱 효과적이다.

예를 들어 《Clifford》라는 애니메이션으로 소리 영어 교육을 했다면 《Clifford》 책을 읽게 하여 문자까지 통합적으로 학습시킨다. 콘텐츠 내용뿐 아니라 수업을 진행할 때도 필자는 '하나를 읽었으면 소리를 내어라. 소리를 냈으면 써라' 하는 식으로 모든 영역을 통합하는 데에 신경을 많이 쓰고 있다.

　세 번째, 루틴과 시스템을 만든다.

　소리 영어 교육이 자기 주도식으로 자리를 잘 잡게 된 것은 코칭해 주시는 선생님이 만들어준 루틴을 그대로 하도록 아이들의 습관을 잡아 놓았기 때문이라고 생각한다. 물론 코칭도 꼼꼼히 잘 해주셨지만, 그러한 시스템을 만들어 놓으면 여러 부분에서 수월하게 접근하고 좋은 결과도 얻을 수 있다. 그리고 뒤돌아 보았을 때 아이들이 성과를 얻을 수 있었던 작지만 큰 비결은 소리 영어 교육을 레벨링하고 그 레벨에 따른 영상으로 했다는 것이다.

　원서 영어 교육도 마찬가지로 최근에 더욱 시스템화하려고 한다. 그 이유는 교사의 능력이 아무리 뛰어 나도 인력이 많이 드는 원서를 시스템 없이 개인의 힘으로 버티려면 지치기 마련이기 때문이다. 책의 레벨링이나 매뉴얼화 수업을 체계화해 놓으면 보다 수월하게 원서 영어 수업이 가능하고, 이에 따라 어렵다는 소리 영어와 원서 영어의 융합 교육을 보다 잘 이루고 좋은 결과를 얻을 수 있을 것이다.

소리 영어 단계별 특징				
단계		단계특징	학습방법	학습목표
파닉스	P	듣지도 읽지도 못하는 처음 시작 단계	» 발음/발성/강세 » 단어 단위로 따라하기 » 짧은 영상 한두 개로 반복	» 영어 소리에 익숙해지도록 하고 새로운 발음을 정확하게 익히도록 한다.
소리 듣기	SL1	소리는 구분할 수 있으나 읽을 수 없음 단문/유자막-X	» 발음/발성/강세 » 끊어읽기/억양 » 잘못 알고 있는 발음, 어려운 대표 발음 » 연음/빠르게 말하면서 바뀌는 소리	» 파닉스가 완성되어 처음보는 단어도 읽을 수 있다. » 우리말에 없는 발음을 포함 정확한 발음을 익힌다. » 끊어읽기와 억양에 익숙해지도록 한다.
	SL2	읽을 수 있으나 소리를 듣지 못함 단문/유자막-O 단문/무자막-X	» 발음/발성/강세 » 끊어읽기/억양/ 각 구간별 빠르게 읽기 » 자막없이 듣고 말하며 긴문장은 끊어서 듣고 따라한다. » 엑센트가 없는 기능어 » 단어 순서에 집중하여 어순 감각 향상	» 못듣는 소리가 점점 없어진다. » 소리를 들으면 끊어읽는 부분을 정확히 파악하여 적절한 억양으로 읽을 수 있다. » 무자막 영어 영상에 거부감이 사라진다.
의미 듣기	ML	소리는 들을 수 있지만 의미는 모르는 단계 복문/유자막-O 복문/무자막-X	» 상황에 맞는 의미 생각하며 따라하기 » 긴 문장 해석하고 바로 무자막으로 연습하기 » 문장 구조와 기본 패턴 익히기 » 기본 문장은 다른 말로 바꿔 말해 보기	» 의사 소통이 슬슬 가능해진다. » 기본 단어의 의미를 이해한다. » 문장 구조와 어순 등에 익숙해진다. » 기본 문장은 자막없이 바로 듣고 따라할 수 있다.
실력 완성	PL	처음듣는 문장도 바로 따라 말할 수 있는 단계 복문/무자막-O	» 듣고 따라하기 후 받아쓰기 » 새로운 단어 정리하고 외우기 » 원본 영상과 같은 속도로 대본보고 녹음하기 » 원본 영상과 같은 속도로 대본없이 녹음하기	» 모르는 단어도 따라 말할 수 있다. » 경우에 따라 의미 유추까지 가능하다. » 한두 단어를 정확히 듣지 못해도 의미를 파악해서 다른 말로 바꿔 말할 수 있다. » 발성까지 원어민의 방식으로 변화시킨다.

11.
학습서 활용

언어적인 도구로 원서 영어 교육을 한다고 해서 원서만 활용하는 것은 아니다. 학습서를 서브 교재로 활용해서 실력을 키워가야 한다.

원서로만 영어 수업을 하다 보면 리딩 독해 실력이 어느 정도인지 정리하기 어려울 때가 있다. 단계별 학습서를 이용하면 레벨 기준을 통해 현재 위치를 파악할 수 있다는 장점도 있다. 그리고 리딩 독해 문제집은 제공되는 텍스트가 사회 · 과학 · 역사 등의 비문학이므로, 비문학 어휘를 배우고 관련 지식을 쌓을 수 있다는 장점이 있다.

학습서를 서브 교재로 사용하되, 읽고 숙제로 푸는 정도에 국한시키지 말고 수업에서도 언어적인 도구로 사용하면 원서 영어 수업과 시너지를 일으켜 언어 습득 속도를 향상시키는 결과를 얻을 수 있다. 언어적인 목적이라고 생각하면 무엇이든지 그에 맞는 도구가 될 수 있다. 학습서로도 영·한 훈련을 할 수도 있고, 글쓰기의 소재로 연결해서 수업을 진행할 수도 있다. 또한 자체적으로 '말하기 대회'를 개최할 때에는 훌륭한 텍스트가 되기도 한다. 관련 화면을 띄우고 외운 본문을 토대로 발표하는 식으로 반별 말하기 대회를 진행할 수도 있다.

또한 앞에서 언급했듯이 리딩 독해집에 나왔던 주제를 가지고 토론을 벌일 수도 있다.

나는 컴퍼스미디어출판사에서 나온 《Reading Future》라는 독해집을 교재로 사용한다. 이 책은 주제가 빠르게 변하는 요즘의 트렌드를 잘 반영하고 있으며, 또 미디어 교재가 있어서 교사가 쉽게 접속하여 사용할 수 있다는 점이 마음에 들어 완벽하지는 않지만 자주 사용하고 있다. 이 학습서를 이용하면 내가 지향하는 융합적 교육도 가능하다. 《Reading Future》 미디어북을 컴퓨터를 통해 접속하여 교실에 있는 대형 TV 화면에 띄우고 아이들과 수업하기 전에 링크되어 있는 유투브 영상을 클릭하여 시청하게 한다. 물론 영어로 되어 있기에 리스닝에도 도움이 되고, 관련 텍스트에 호기심을 가질 수 있게 된다. 아이들도 지적 호기심이 크다. 그리고 빠르게 변하는 시대에 인공지능이나 미래 관련 주제들은 교사인 나에게도 생소한 내용이어서 흥미를 가지고 배우게 된다.

얼마 전 수업 중에《Reading Future》체인지 2에서 'hypertext literature'라는 주제가 나와서 관련 영상을 훑다 보니, 아이들이 좋아하는《Harry Potter》도 이러한 방식으로 만들어 놓은 링크가 있었다. 그것은 독자들이 이야기를 선택해서 다른 결말로 이끌어낼 수 있는 형태이어서 또 다른 즐거움을 준다는 것을 발견하게 되었다. 집에 가서 직접 해본 아이들도 있었는데, 관련된 영상을 찾다가 넷플릭스에서도 시청자가 선택하여 다른 결말로 갈 수 있는 하이퍼텍스트 영화가 있다는 것을 보고 나에게 소개해 준 아이도 있었다. 이런 것들은 아이들의 호기심을 자극하고, 현시대의 빠른 정보와 지식을 받아들여 자연스럽게 언어를 확장해 가는 좋은 매개체가 된다. 고학년 아이들은 이미 정보를 영어로 검색하고 관련 영상을 영어로 시청하여 스스로 정보와 지식을 쌓아가는 주도적 학습자가 되고 있었다.

CNN, Arirng NEWs 기사도 좋은 소재가 된다. 기사를 읽고 나만의 기사 써보기 등의 활동은 얼마든지 가능하다.

언어로서의 영어를 교육하겠다고 결심하고 세상을 보았더니 세상에서 보이는 것이 모두 도구가 될 수 있었다. 원서 영어 교육이나 융합 교육도 마찬가지다.

필자의 교육적 소스와 노하우를 다 공개하였다. 독자는 이 지식과 정보를 기반으로 자신만의 커리큘럼을 짜서 프랜차이즈 없이도 얼마든지 훌륭한 교재를 활용하여 아이들의 진짜 실력을 쌓아가는 나만의 공부방, 교습소, 학원 등의 커리큘럼을 완성할 수 있을 것이다. 정보와 자료가 널려 있는 시대이며, 질 좋은 유료 자료도 많다. 직접 고민하고 선별하고 적용하여 나만의 멋진 커리큘럼을 만들어 보시길 바란다.

가능한 한 이 책에 모든 노하우를 쏟아 넣으려 했으나 더 구체적인 수업에 대한 팁들은 세미나와 코칭 과정을 통해서 전달할 계획이다. 〈올리브트리영어〉 블로그와 개인 블로그인 〈꿈꾸는 코너스톤〉에 세미나와 코칭 안내를 하고 있으니 블로그를 통해 신청하시기 바란다.

12.
융합 교육, 이렇게 하라

융합 교육STEM이란 Science, Technology, Engineering, and Mathematics의 약자로서, 두 가지 이상의 과목을 융합하여 가르치는 교육을 말한다. 북유럽 국가의 공교육에서 이미 시행해 왔고, 우리나라에서도 융합 교육에 대한 관심이 높아지고 있다. 급변하는 시대가 요구하는 통합적이고 다면적 사고력을 키우는 데 초점을 맞추는 교육이라고 할 수 있다.

2016년에 발표된 자료에 의하면 교육인적자원부는 2018년에는 고등학교까지 모두 융합 교육을 시행하고, 2021년부터는 대입 시험에서도 문과와 이과의 경계를 허무는 문제를 출제하겠다고 했으니 융합 교육은 세계적인 추세임에는 틀림이 없다.

그러나 융합 교육을 사교육 현장에 도입해 본 결과 유치부까지는 반응이 있어도 여러 변수로 인해 유지하기가 힘들고, 초등부부터는 학부모가 학원에서 그 교육을 바라지 않는다. 학부모가 요구하지 않는 교육을 고집하면 내가 내 사업을 방해하는 꼴이 된다. 현장의 필요와 내가 제공하는 서비스가 상통해야 흥할 수 있다. 또한 융합 교육은 인력이 많이 든다. 내게 준비하고 쏟을 에너지가 많아야 한다. 게다가 영어의 아웃풋이 얼마나 나오느냐고 묻는다면 쉽사리 대답하기 어렵다. 그런 측면에서 영어 교습소에서 융합 교육을 내거는 것을 추천하지 않는다. 사실 융합 교육은 가정에서 하는 것이 맞고, 유치원과 초등학교 이상의 교육기관에서 해야 할 몫이다.

그럼에도 불구하고 이런 분들께는 융합 교육을 추천하고 싶다. 아이의 호기심과 융합적 사고를 키우는 데 관심이 많은 분들, 만들기·요리·과학 실험을 힘들게 느끼지 않고 아이들과 함께해 보는 것을 좋아하는 분들, 어린 자녀를 키우고 계신 분들자녀 교육에도 도움이 되므로, 체력과 에너지가 넘치시는 분들, 융합 교육이 어렵지 않게 느껴지는 분들이라면 충분히 시도해 볼 만한 가치가 있다.

사실 융합 교육은 일상에 녹아져 있을 때 빛을 발한다. 일상에서 할 수 있는 간단한 융합법으로 핸즈온 학습법을 소개한다. 핸즈온 학습법hands-on learning이란 아이들이 직접 활동하고, 사고하고, 체험하면서 학습하는 방식을 포괄적으로 일컫는 말이다. 유치부에서는 만들기나 게임하기를 그냥 진행하지 않고 사고 활동을 거쳐 할수 있도록 원서나 관련 주제가 연결되도록 한다. 저학년은 다양한만들기나 몸으로 활동해 보는 것들이 있겠지만, 고학년이 되면 스토리북 만들기, 저널 쓰기, 북리포트, 도표를 이용한 사고력 훈련 등이바로 그러한 방식이다. 내가 했던 대표적인 융합식 수업은 과학 실험하기, 요리하기, 만들기 등의 수업이었다.

고학년들은 외국인들을 만났을 때 할 질문이나 퀴즈를 만들어 보게 한 후 실제로 이태원과 경복궁에 말하기 미션을 하러 나갔었다. 다녀오면 저널을 쓰게 했다.

나는 이러한 방식이 잘 맞았다. "어떻게 하면 아이들이 즐겁게 영어를 배울 수 있을까?"에 꽂혀서 연구하다 보니 놀이식 융합 교육이잘 맞았다. 만들기며 게임이며 직접 체험하고 생생하게 아이들에게다가가는 교육이 너무 좋았던 것이다. 그래서 나부터 놀이와 액티비티를 즐기고 주변에서 교육에 사용할 소재들을 찾기 시작했다. 쓰고문제 풀고 외우는 방식은 내가 좋아하는 방식이 아니다. 물 만난 물고기처럼 아이들이랑 많은 것들을 즐겁게 해 보고 실험해 보았다.

신기한 것은 가르치는 나부터 주변의 모든 것들을 바라보는 시각이 달라졌고, 생각도 지식도 아이들과 함께 자라고 있었다. 아이들의 지적 욕구와 호기심도 내가 생각했던 것보다 훨씬 컸다. 새로운 것들을 탐색하면서 영어를 배워간다면 언어 능력뿐만 아니라 다른 지적 능력 계발에도 큰 효과가 있을 것이라는 생각이 들었다. 결국 은 사교육이라는 커다란 벽에 부딪혀 일정 한계 이상의 수업은 하지 못했지만, 그 가능성은 충분하니 의지가 있는 부모님들께서 가정에 서 시도해 보면 좋을 것이라는 생각이 든다.

융합 교육 쉽게 하기

그럼에도 불구하고 영어 교육 현장에서 쉽게 융합 교육을 접목할 수 있는 몇 가지 팁을 소개한다. 일단 그림책을 활용한 수업을 많이 하는 것이 좋다. 그러다 보면 자연스럽게 독후 활동으로 이어지고, 책의 내용과 관련된 융합 교육을 자연스럽게 익혀갈 수 있다.

내가 생각하는 융합 교육 역시 크게 다르지 않고, 그림책 수업의 연장선이다. 원서를 가지고 진행하는 융합 수업은 원서에 나오는 스토리뿐 아니라 해당 주제를 넌픽션으로 뽑아서 관련 주제를 가지고 여러 가지 활동을 진행할 수도 있다.

☻ 《Nate the Great》의 이야기 뒤에도 관련 활동이 많이 소개되어 있다. 초콜렛 만들기, 팬케이크 만들기, 꽃에 물감을 넣어 물들이기 등 아이들이 좋아할 만한 여러 가지 활동이 있다.

- ☺ 《Magic Tree House》를 읽고 관련 주제를 따로 뽑아서 함께 공부할 수 있다.
- ☺ Evan Moor의 《Science》 시리즈 : 텍스트도 훌륭하고 아이들의 수준과 단계에 따라 나눠져 있으며, 과학 실험이 소개되어 있다.
- ☺ 《Reading Future》: 텍스트가 매우 트렌디하다. discover 단계 이후부터는 교사도 새롭게 배우고 흥미로울 수 있는 주제들이 나와서 아이들이 좋아한다. 또 영어로 된 관련 유튜브 영상이 붙어 있으므로 교사는 미디어 교재를 사용하여 산타클래스 가입 시 무료 사용 가능 재생할 수 있고 손쉽게 융합 수업을 진행할 수 있다.
- ☺ Flying Apple의 과학 교재는 과학 실험 교구 키트가 제공되므로 편리하게 과학 수업을 영어로 진행하는 융합 수업이 가능하다.

막상 해보면 별로 어렵지 않게 진행할 수 있을 것이다.

Flying Apple의 융합 과학 교재는
교구를 함께 제공한다.

163

원서 《Nate the Great》 뒤에 있는 활동을 해 보았다.
하얀꽃에 잉크를 담가서 물들이기 관찰을 했다.

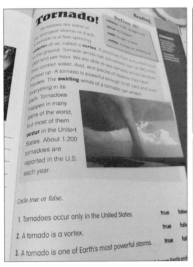

Evan Moor의 《Science》를 텍스트로 과학 수업을 했다.
토네이도 만들기 키트도 사서 활동했다.

13.
문해력을 키우는
원서 영어 교육

원서 영어 교육의 중요한 열쇠 : 공감력과 호기심

"원서 영어 교육 어떻게 하시나요?"

가장 많이 들었던 질문이자 스스로 가장 많이 던졌던 질문이다.

원서 영어 교육 방식은 저마다 다르지만, 기본적으로는 목적 있는 글이나 이야기를 가지고 있는 글감을 통해서 영어를 가르치는 것을 말한다. 즉 읽을 거리를 읽고 재미를 느끼고 정보나 지식을 얻게 되는 교육이다. 그렇기 때문에 학습자가 주도적인 방식으로 학습할 수 있다는 장점이 있으며, 주인공을 통해서 간접 경험을 하고 자신의 생각을 자연스럽게 담을 수 있다. 원서 영어 교육에서는 질문을 계속 이어가게 되는데, 주인공이 한 일에 대한 내용 파악에서 끝나지 않고 "너라면 어떨 것 같니?", "너라면 어떻게 할래?"하는 식으로 책의 내용과 학습자를 연결하여 계속 질문을 던진다. 또 워크북이나 북토킹 또는 북리포트 등을 통해서 책과 자신과의 삶을 지속적으로 연결한다. 그럼으로써 독자는 타인의 삶을 들여다 보고 자신의 삶과 연결하면서 가장 중요한 두 가지 능력을 키우게 된다.

첫째는 공감 능력을 키우게 된다.

공감 능력은 우리가 인생을 살아가면서 인간으로서 가져야 할 기본적인 소양 중 하나이다. 공감 능력의 부재로 많은 사회적 문제가 발생하고 있는 이 시기에 공감 능력의 중요성은 아무리 강조해도 지나치지 않다. 크게는 범죄와 일탈 행위를 예방할 수 있고, 작게는 공동체를 구성하는 건강한 구성원으로, 균형 있는 인격체로 성장하게 도울 것이다.

둘째는 사고력을 키우게 된다.

아이들은 사고력을 통해서 지식을 확장시킨다. 책의 내용에 심취하면 관련된 다른 책의 내용이 궁금해지고, 또 그 안에 포함된 다양한 내용이 궁금해진다. 즉 호기심이 유발되는 것이다. 이러한 호기심도 아는 만큼 보인다. 그렇게 꼬리에 꼬리를 무는 독서가 가능해

166

짐으로써 한 분야에 10권 이상씩의 책을 몰입해서 읽어나가는 집중력이 생겨난다.

외국어를 공부할 때에는 외국어라는 언어만 따로 떼어서 공부하기보다 그 외국어와 함께 외국어를 사용하는 문화권의 사회, 정치, 경제, 풍습 등이 어우러진 환경을 함께 배워야 한다. 그 나라를 방문하여 체험할 것이 아니라면 책만큼 효과적인 매개체가 없다. 물론 영화나 드라마, 애니메이션과 같은 미디어도 나름대로 살아 있는 생생한 언어를 전해 주기 때문에 가성비 좋은 언어 교육이 가능하다. 하지만 그중에서도 책읽기를 더 강조하는 이유는 언어 능력은 책읽기를 통해서 향상되기 때문이다. 외국어뿐만 아니라 모국어의 언어 능력도 동일하다. 그래서 영어가 모국어인 이들도 학교에서 언어 능력을 향상시키기 위해 책읽기 등 온갖 노력을 다한다.

우리말도 마찬가지다. 기본 모국어인 우리말의 언어 능력이 먼저 잘 닦여 있어야 그 위에 영어적인 언어 능력을 쌓아 올릴 수 있다. 그것이 바로 영어 선생이지만 한글 책읽기를 강조하는 이유이다.

원서 영어 교육이라는 거창한 명칭으로 부르지만, 단순히 말하면 영어책 읽히기이다. 쉬워 보이면서도 결코 쉽지 않은 방법이다. 아이들이 만화책 읽듯이 책장에서 마음껏 영어책을 꺼내서 읽는 모습을 상상하시는 학부모들이 많지만, 현실은 책 읽히려다가 아이와 다투기 마련이고, 급기야 책을 싫어하게 되는 아이들도 생겨난다. 공부만을 위해서 책을 읽은 아이들은 책을 읽으라 하면 과제로만 여길 뿐, 재미를 위해 자발적인 독서를 하기 어렵다. 자발적으로 독서하지 않은 아이들은 대체로 문해력이 낮다.

2년 전에 한 학부모가 6학년 여자아이를 데리고 왔다. 대형 학원도 다니고 여기저기서 많은 교육을 받아서 리딩 레벨이 8 이상이고, 해리포터까지 읽을 수 있다고 했다. 실제로 레벨 7의 책으로 테스트해 보니 모르는 단어도 거의 없고 읽으면서 이해하는 듯 보였다. 적당한 반에 넣어주고 레벨 7의 소설을 읽고 정독 수업을 하게 되었다. 이때 제시한 분량을 읽어오는 것 자체도 힘들어 할 뿐더러 읽어 왔다고 하는데 내용을 제대로 이해하고 있지 못했고, 수업 내용을 따라가지 못하는 것이었다. 결국에는 그만둘 수밖에 없었다. 그 아이의 문제는 책을 많이 읽지 않아서 읽는 힘이 부족하고, 어휘력은 좋으나 읽으면서 문맥과 행간을 이해하고 해석해 나가는 문해력이 떨어지는 것이다.

문해력이란 무엇인가? 위키페디아에서 보면 '문해 또는 문자 해득력은 문자를 읽고 쓸 수 있는 일, 또는 그러한 일을 할 수 있는 능력'을 말한다. 넓게는 말하기 · 듣기 · 읽기 · 쓰기와 같은 언어의 모든 영역이 가능한 상태를 말한다. 유네스코에서는 '문해력이란 다양한 내용에 대한 글과 출판물을 사용하여 정의, 이해, 해석, 창작, 의사소통, 계산 등을 할 수 있는 능력'이라 정의하였다.

예를 들어 문해력은 "무릎에 바람 들었다!"라는 말을 듣고 직관적으로 이해할 수 있는 능력이다. 이 문장에서 모르는 단어가 없지만 도무지 이해가 안 되는 이유는 문해력이 부족해서이다.

그렇다면 문해력은 어떻게 키울까? 슬로우 리딩으로 정독을 하고, 반복적으로 소리내어 읽고 녹음하는 스킬도 도움이 된다. 또 질문에 답변하기와 쓰기를 추천한다. 필사도 문해력을 기르는 데 도움을 준다.

2019 베스트 셀러였는데, 올해 초에 읽어 보고는 감탄한 책이 있다. 바로《공부머리 독서법》이다. 내가 교습소에서 적용하고 있는 방식이 꽤 많이 담겨 있어서 놀랍기도 했다. 내가 느낀 두 가지 소감은 내가 하는 영어 교육 방식을 이용한 언어 능력 키우는 방식이 이 책에서 이야기하는 내용과 상통하는구나 하는 기쁨과 자부심이었다. 또 모국어인 한글로 하기도 이렇게 어려운데 나는 영어로, 그것도 어린아이들을 데리고 하고 있었구나 하는 것이다. 원서 영어 교육을 하는 분뿐만 아니라 자녀 교육에 관심 있는 분이라면 꼭 일독하기를 권한다.

14.
파닉스를 끝냈으나
리딩이 안 될 때

학부모들이 많이 하시는 질문 중 하나가 이것이다.

"파닉스를 끝냈는데 왜 리딩이 안 될까요?"

엄마들은 아이가 파닉스 자음을 끝내고 단모음과 장모음까지 배우면 영어 단어와 문장을 혼자서 자유자재로 읽어나가길 기대한다. 그러나 아이들이 스스로 문장 읽기까지의 길은 멀고 험하다.

파닉스를 오래 한다고 아이들이 잘 읽는 것도 아니고, 단어 하나를 배우면 모르는 단어가 또 나오기 때문에 편안하게 읽어나가기란 결코 쉽지 않다. 많은 반복과 인풋을 통해 임계량이 찼을 때 비로소 스스로 편안히 읽어 나가는 시기가 온다. 그래서 어머니들께는 이렇게 말씀드린다.

"어머니, 파닉스를 끝냈다고 해서 바로 리딩이 되지 않습니다. 리딩이 자연스럽게 나올 때까지 사이트워드 책을 계속해서 반복하여 읽도록 하고, 소리와 함께 글자를 읽어 나가도록 도와주세요. 그때까지는 도 닦는 심정으로 기다리셔야 합니다."

쉽게 말해 오래 걸리는 과정이기 때문에 마음을 조급하게 가지지 말고 느긋하게 기다려 달라는 의미이다. 영어를 배울 때 아이들이 넘어야 할 산이 여럿 있는데, 그중에서도 독립 읽기까지의 산을 넘는 것은 아이들에게 쉽지 않다. 물론 리딩을 잘하게 도와주는 팁은 있다. 리딩이 자연스러워지려면 임계점에 도달할 때까지 인풋을 계속 넣어줘야 한다. 이때 지루하게 파닉스만을 고집해서는 안 된다. 사이트워드에 많이 노출될 수 있도록 쉬운 책을 반복적으로 읽도록 하면서 소리 영어를 병행하는 방법이다. 그래야 읽기만 한국식으로 하고 듣기와 말하기가 전혀 안 된다거나 쓰기를 힘들어하는 것을 방지할 수 있다. 파닉스할 때부터 듣기 · 읽기 · 말하기 · 쓰기의 4개 영역이 고르게 통합된 수업으로 리딩을 연습해야 리딩이 유창하게 되고, 영역별 불균형 없이 영어 스킬을 개발할 수 있다.

읽기가 잘 안 되는 아이들이 있고, 또 문자를 좋아하지 않는 아이들도 있다. 예전에 파닉스를 두 번이나 돌았는데도 음가를 기억 못하는 초등학교 1학년 여자아이가 있었다. 또 문자를 심하게 거부하여 아무리 오랜 시간을 학습해도 전혀 읽지 못하는 초등학교 1학년 남자아이도 있었다. 혼신의 노력을 했지만 안타깝게도 그만두고 말았다. 다행히 현재는 이런 아이들을 위한 해결책을 찾았다. 바로 소리 영어이다. 소리 영어 교육의 도입으로 이런 아이들이 비교적 빠르게 돌파구를 찾아가고 있다.

최근 들어온 7세 남자아이가 바로 이런 경우이다. 5세 때부터 놀이 영어를 2주 1회로 하다가 6세에 파닉스를 시작해서 리딩이 되어야 하는데, 7세가 되도록 잘 읽지 못했다. 다행히 소리 영어 수업인 애니메이션 시간에는 크게 잘 따라했고, 리스닝은 레벨 2 정도로 귀는 뚫려 있었다. 하지만 글씨를 잘 기억하지 못했다. 가정에서도 반복적으로 리딩 연습을 해주어야 하는데, 어머니께서 너무 바쁘셔서 아이가 숙제를 못해 올 때가 많았다.

어머니도 슬슬 불안해 하시기에 임계점을 넘어서 기억하여 말할 때까지 반복해야 한다고 말씀드렸다.

"파닉스를 다시 해야 하는 것이 아닐까요?"

"아니요! 해봤자 똑같고 지루하기만 합니다. 차라리 그 시간에 쉬운 문장들을 반복해서 읽도록 해 주세요. 비결은 단어에만 집중하지 말고 문장을 소리와 함께 반복적으로 읽도록 해야 합니다."

이 아이는 어머니의 노력과 지속적인 수업으로 어느 날 텍스트를 당당하게 읽는 모습을 보여 주었다. 얼마나 다행이었는지. 지금도 스스로 씩씩하게 읽어 나가는 모습을 보면 대견하지 않을 수 없다.

이 시기 어머니들의 불안 요소는 다음의 두 가지이다.

01. 파닉스를 제대로 익혔는지?

02. 혼자서 읽을 수 있는지?

그러나 어디든지 영어의 법칙은 같다. 미국인 아이라 할지라도 반복적으로 읽어야 글을 깨치듯이 우리나라의 아이들도 같다. 다만 그 반복의 양이 많이 다를 뿐이다. 그것은 어느 교습소라 할지라도 다르지 않다. 이 교습소에서 못하는 것 같아 불안해서 다른 교습소로 옮기면 다른 교습소에서 임계점에 도달하여 결과가 잘 나오는 것의 차이일 뿐. 어머니들의 불안을 잠재우려면 교사가 당연한 과정이라며 여유 있게 받아들이도록 설명해 드리고, 가정에서도 함께할 수 있는 방법을 제시하고 신경써 주는 모습을 보여 주는 것이다. 아예 상담할 때부터 단계마다 간략히 짚어주면서 이 단계가 오면 시간이 많이 걸릴 수 있으니 기다리셔야 한다고 미리 알려드린다. 이 단계의 원생들은 학부모들의 만족도가 높지는 않지만, 그렇게 미리 알려드리고 신경을 쓰면 퇴원하지 않고 버틸 수 있다.

이 단계 학습의 팁은 앞에서 설명했으니 사이트워드의 장을 살펴보길 바란다.

15.
원어민 교사보다 미디어

"원어민 교사가 필요한가?"

어머니들은 대체로 원어민 교사가 있는 학원을 선호한다. 교습소는 원어민 교사의 유무로 비교당하기도 한다. 어떤 어머니는 교습소의 장점으로 인해 좋아하시다가도 원어민 교사가 있는 학원으로 옮기시면서 "선생님이 원어민은 아니잖아요!"라는 한마디를 던지셨다.

그렇다면 원어민이 그렇게 우리 아이의 영어 실력 향상에 절대적인 영향을 끼치고 기여를 할까? 일단 원어민 수업은 수업료가 올라가기 마련이다. 그에 비해 그 원어민이 얼마나 우리 아이의 영어 실력 향상에 도움을 줄까 생각해 보면 금세 결론을 내릴 수 있다.

원어민 교사가 한국말과 문화에 대한 이해도가 충분하다면 원생들의 필요에 맞추어 세심하게 교정해 줄 수 있을 것이다. 유명인 타일러같이 한국어를 잘하는 원어민이라면 영어 표현을 세심하게 알려줄 것이고, 그런 포인트 강의가 도움이 될 것이다. 하지만 대부분의 원어민은 한국어와 한국 문화를 잘 모른다. 차라리 두 언어에 능통한 교포 출신 교사들이 훨씬 도움이 될 수도 있다.

또 아이들이 영어를 중급 이상 자유롭게 구사하는 수준이라면 원어민과의 수업이 도움이 될 것이다. 아니면 외국인과 대화해 보는 경험 정도로 본다면 의미가 있다. 하지만 원어민의 소양과 비용적인 측면을 볼 때 꼭 필요한 요소라고 보기 어렵다.

열 원어민 부럽지 않은 것이 바로 미디어 중에서도 애니메이션의 활용이다. 앞에 소개한 소리 영어를 활용하면 아이들의 실력은 원어민 교사에게 배운 아이들보다 훨씬 좋아진다.

자! 학부모님들의 마음을 사로잡고 당당히 상담하라.

"어머니, 우리에겐 열 원어민 부럽지 않은 프로그램이 있습니다."

어린아이의 학부모일수록 미디어 노출에 우려를 표출하는 분들도 많다.

"애니메이션을 영어로 많이 보여 주세요. 다청을 해야 합니다."

"애니메이션 본다고 영어가 늘까요? 그냥 재밌는 거 보고 노는 거 아닌가요?"

잠수네식 영어 학습법에서는 영화나 애니메이션 보기를 '흘려듣기'라고 하고, 하루 2시간 정도 '흘려듣기'를 하라고 한다. 실제 잠수네식으로 학원을 경영하는 분도 무려 한 시간 동안 집중 듣기를 학원 프로그램으로 진행한다. 아이들은 재밌는 거 보며 좋아하며, 영어에 노출된다. 이 '흘려듣기'라고도 하는 영상 보기가 아이들에게 미디어 노출 시간으로 자극이 될까 하는 우려의 시선도 있지만, 그럼에도 미디어 노출만한 방식은 없다. 영어의 바다에 푹 잠겨야 할 때, 외국인이 나만 붙잡고 이야기해 주는 것도 아니고, 미국인 가정에 초대받아 하루 종일 함께 생활할 수 있는 것이 아니라면 미디어의 주인공들이 바로 원어민 교사 역할을 한다. 그러므로 미디어 보기를 통해서 언어를 습득하는 것은 옳다. 다만 아직 어린아이들에게는 가이드가 필요하고 시간 제한이 필요하다.

미디어 영상 노출 시간은 유아는 30분 미만이 좋고, 초등학교 저학년은 1~2시간까지가 적당하다. 주의할 점은 영어로 된 영상을 보여 줄 때 자막 없이 보여주는 것이다. 가능하면 한글 자막뿐 아니라 영어 자막도 보지 않는 것이 좋다. 한글 자막을 보여 주면 당연히 아이의 귀가 훈련되지 않고, 한글 자막만 보고 내용을 이해하려고 하기 때문에 영어 실력 향상에 전혀 도움이 안 된다.

초등학교 2학년 여자아이가 있었는데, 리딩에 비해서 귀가 너무 안 뚫려 있어서 어머니께 가정에서 영상 노출을 권했다. 그러자 어머니는 매일 보여 주고 있다는 것이다. 그래서 자막은 안 보여 주냐고 물었더니 한글 자막으로 보여 준다는 것이다. "지금까지 한 것은 재밌는 영화를 본 것이지, 영어 공부를 한 것이 아닙니다."라고 말씀드렸다. 영어 자막도 보지 않는 것이 좋다. 귀로만 뜻을 알아 내고자 온 신경을 청각에 의존하여야 리스닝 실력이 향상된다. 영어 자막 보기는 리딩 실력을 향상시키고자 하는 목적이 있을 때 하는 것이 좋다. 그리고 너무 어려워서 알아 듣기 힘들 때 영어 자막을 보는 것이 도움이 될 수 있다.

영상 수준에 대한 질문도 많이 받는다.

"아이의 영어 수준은 초보인데, 〈맥스 앤 루비〉와 같이 초보자 수준의 영상을 좋아하지 않고, 〈아바타〉나 〈스폰지밥〉같이 어려운 수준의 영상만 보려고 해요?"

아이들의 영어 수준과 아이들의 취향 사이에는 갭이 존재한다. 잠수네식 영어 학습법으로 가르치시는 원장님은 크게 상관 없다고 이야기하셨다. 아이들이 좋아하는 것 중심으로 보여 주라고 하셨다.

하지만 나의 의견은 이렇다. 매번 좋아하는 것만 보긴 어렵고 무슨 말인지도 모르는데, 그림만 보고 이해하는 것보다 재미는 덜해도 쉬운 영상부터 보고, 가끔 좋아하지만 어려운 영상을 시도해 보는 것이 더 좋다. 교습소 내에서는 좋아하는 영상을 골라 볼 수 있도록 했는데, 30분이라는 짧은 시간 동안 영상 고르다가 시간 다가고 이것 찔끔 보다가 다시 다른 영상 보려고 하다가 제대로 보지도 못하고 시간만 허비하는 경우가 많아서 원칙을 정했다. 레벨별로 봐야 하는 영상을 정했다. 대신 남자아이와 여자아이의 취향은 존중해 주는 선에서 정하고 나니 큰 고민 없이 그 시간은 집중해서 영상을 볼 수 있었다.

가정에서는 영상을 노출할 때에 어머니의 세심한 주의가 필요하다. 아이의 주장과 취향은 가정에서는 더 강해지므로, 어머니가 아이와 잘 상의해서 영상을 고르고 시간을 정해서 볼 필요가 있다.

16.
말하기 비법

"우리 아이가 영어 말하기가 잘 안 돼요."

"영어 말하기 언제쯤 될까요?"

어머니들은 영어 학원이나 교습소에 아이를 보내면 바로 영어로 줄줄줄 말할 걸로 기대한다. 한 6세 된 아이의 어머니가 아이를 보낸 지 1년도 안 되었을 때 한 말이다. "왜 아직도 영어로 말을 못하나요?" 영어 말하기는 앞서 이야기한 것처럼 일단 인풋을 많이 해 주어야 하고, 아웃풋에 해당하는 말하기가 되려면 많은 노력을 기울여야 한다.

이왕 이야기한 김에 마지막으로 아이들의 영어로 말하기를 고민하면서 얻게 된 말하기 비법을 알려드리겠다.

영어 교육계에 몸 담으신 지 20년 이상 되신 한 원장님은 "한국에서는 영어 말하기가 안 돼! 외국에 보내!"라고 하셨다. 안 된다고? 그렇다면 우리는 왜 그토록 많은 돈과 에너지와 시간을 영어 말하기에 쏟아부을까? 영어 교육에서 인풋과 아웃풋은 언제나 떠나지 않는 이슈다. 사실 모든 교육의 공통점이기도 하다. 인풋이 들어가야 아웃풋이 나온다는 것은 누구도 부인할 수 없는 사실이다.

우리는 왜 수 년간의 영어 인풋에도 아웃풋이 잘 안 나올까? 어떤 분께서는 정말 많은 양을 노출하면 저절로 입이 트이고 라이팅이 된다고 주장하시는데, 그런 경우는 스스로 많은 노력을 기울이는 언어적 감각이 뛰어난 소수에 불과하다. 아웃풋은 해석하기에 따라 영어 성적이 될 수도 있겠지만, 여기에서는 영어 말하기를 중심으로 이야기하겠다. 영어 말하기를 잘하기 위해서는 어떻게 해야 할까? 지속적으로 인풋을 넣으며 임계점을 넘어 아웃풋이 저절로 나올 때까지 기다려야 할까?

나의 생각은 이렇다.

아웃풋도 훈련해야 한다. 아웃풋을 저절로 될 때까지 기다리기엔 우리에게는 시간과 인내력이 부족하다. 우리나라 환경에서는 따로 아웃풋을 훈련하거나 연습하지 않으면 말하기가 절대로 안 된다. 말하기는 학원 원장님들도 고민하는 이슈이고, 이같은 질문을 교사에게서도 종종 받는다.

다음 몇 가지 사항은 아이들에게 적용해 보고 도출한 결론이다.

첫째, 이미 인풋이 충분해야 한다.

충분한 인풋이 어느 정도 이루어진 상태라야 말하기가 시작된다. 인풋은 양이 중요하므로 다독과 영어 노출을 위한 미디어 시청 등으로 레벨 3 이상은 만들어 주어야 자기 생각대로 말하기가 시작된다.

둘째, 소통하는 언어로서의 훈련이 필요하다.

인풋이 충분이 이루어지기 전부터도 할 수 있는 훈련으로, 영어로 대화하고 간단한 대답이나 회화를 할 수 있도록 도와준다면 기본적인 아웃풋 훈련의 기반이 될 수 있다. 뇌가 '아! 영어는 소통하는 언어구나'하고 깨닫게 되는 순간 이전까지 알고 있던 단어들이 연결되고, 문장이 구성되어 말하고자 하는 능력을 일깨워줄 수 있다.

셋째, 반복으로 입에 소리 붙이기

센텐스 드릴sentence drill이나 소리 카핑으로 직접 소리를 내어서 반복적으로 말하여 내 말이 되게끔 하는 훈련이다.

copying, shadowing, mimicking 등이 있으며 100번 따라 말하기, 연따 등 여러 가지 스킬과 용어가 있다. 나는 애니메이션으로 하는 소리 영어 교육을 통해 많은 효과를 보았다.

또한 문장 암기, 패턴 암기 등도 좋은 말하기 훈련법이다.

넷째, 기억에 의존하여 리텔링하기

원서를 읽고 나서 어떤 사건이 벌어졌는지 기억에 의존하여 말하기는 쉽지 않지만, 원서의 문장을 자기 것으로 만드는 데는 아주 좋은 방법이다. 말하기에서 가장 효과를 많이 본 방법이다. 누군가가 영어 말하기 어떻게 하면 좋으냐고 묻는다면 강력하게 추천하는 방법이다.

현재 말하기가 되는 아이들을 보면서도 느끼는 것이지만 《울트라 러닝》이라는 책에서도 매우 명확하게 말해 주고 있다. 스콧 영은 《울트라 러닝》에서 상위 0.1%의 학습법을 알려주고 있는데, 《아주 작은 습관의 힘》의 저자인 제임스 클리어는 이 책에서 배워서 자신의 저서를 집필했다고 한다. 이 책에서는 어떻게 아웃풋을 인출해 내는지에 대한 이야기를 심도 있게 알려 준다.

그중에서 아웃풋 인출법에 대한 이야기만 추려보면 기억에서 지식을 소환하려고 애쓰는 행동은 직접 학습이나 피드백과 연계되는 것을 넘어서서 그 자체로 강력한 학습 도구다.

"머릿속 기억을 뽑아내는 고통을 겪어라!"

원서를 가지고 읽은 내용을 기억에 의존해서 리텔링해 보라는 수업은 아이들이 즐거워 하는 방법은 아니다. 학습적 스트레스와는 다른 고통이 존재한다. 그러나 그것은 그 자체로도 장기 기억으로 가게 하는 학습 도구이며, 그 자체로 성공이라는 것을 이 책에서 이야기하고 있다. 인출에 대한 효과적인 팁은 낱말 카드 활용, 자유 회상, 문제 만들기, 도전 만들기, 책 덮고 개념도 만들기 등이 있다.

다섯째, 자기 생각을 말하기

자기 생각은 모국어로도 표현하기 어렵다. 그리고 생각을 표현해서 문장을 만들기 위해서는 문법도 알고 있어야 한다. 외운 문장만으로 모든 대화를 진행할 수는 없지 않은가. 그렇기에 이것은 외국어 학습에서 가장 나중에 나오는 아웃풋이다. 자기 생각을 말하려면 생각에 집중하다가 문법도 틀리고 발음도 꼬이기도 하는데, 그런 실수를 견디어 주는 선생님이 있다면 아이들은 실수를 반복하면서도 점점 자신감을 가지게 된다.

결론적으로 말하기는 우리나라에서 쉽지 않지만 가능하다!

이제는 아이들과 말하기 영상을 블로그에 자랑스럽게 올리고, 또 상담 시 보여 드리며 말하기가 된다고 자신 있게 말씀드린다. 그리고 아직 말하기가 안 되어서 불안해 하는 아이의 어머니들에게 이렇게 말씀드린다.

"어머니, 일단 지금은 인풋을 잘 쌓아야 할 시기이지 아웃풋이 나올 시기는 아닙니다. 하지만 소리 체화 훈련이나 발화 훈련을 통해 자기 언어로 말하기 연습을 하고 있으니, 조금만 기다려주시기 바랍니다."

그리고 가정에서도 미디어 노출과 소리 영어 숙제를 열심히 해줄 것을 당부드린다.

part 04

영어 교습소 관리와 운영

1.
목표 정하기, 디자인하기

이제부터 영어 교습소를 차근차근 함께 디자인해 보자. 영어 교습소나 영어 공부방을 처음 시작할 때 어떤 목표부터 설정해야 할까? 지금까지 교사의 관점에서 교습 그 자체에 초점을 맞추었다면, 이제는 사업 운영자의 관점에 집중해야 한다. 교육자이지만 사업자적 마인드도 갖추어야 교습소 사업에 성공할 수 있다. 이런 측면에서 목표 설정은 무엇보다 중요하다.

처음 시작할 무렵 필자 역시 목표 설정이라기보다 첫 해에는 학생 수가 20명이 되기를 기도했었다. 처음에는 한두 명으로 시작했기에 1월에 시작해서 여름이 지날 때에도 7명 남짓이었다. 한 명 한 명 원생 모으기가 그렇게나 힘들었다. 딱히 전략이랄 것도 없었고, 이렇다 할 홍보도 못했고, 마케팅은 알지도 못했다. 대중적으로 원하는 수업 방법도 아니었기에 큰 인기도 없었고, 상담하러 온 어머니들을 많이 놓치기 일쑤였다. 그러나 한 가지 원장인 내가 '원하고 할 수 있는 수업을 하겠다'라는 결심만으로 수업을 지속하면서 차츰 이것이 '틈새시장'임을 깨닫게 되었다.

예비 원장님들께서는 나처럼 준비 없이 시작하지 말고 창업 이전부터 차근차근 전략을 가지고 계획적으로 시작한다면 시행착오와 시간 낭비를 줄이게 될 것이다. 그런 측면에서 학생들을 모으는 모객 행위 이전에 반드시 목표를 설정하고 마케팅 전략을 짜 두어야 한다.

성공하는 습관 중의 하나는 명확성을 가지는 것이다. 무슨 일이든 시작하기 전에 명확하게 그린 다음 목표를 확실하게 설정하면 성공 확률이 크게 높아진다. 목표를 계획하지 않으면 실패를 계획하는 것이라고 〈3P자기경영연구소〉의 강규형 대표님은 말씀하셨다. 그 목표는 원생들의 수가 될 수도 있고, 총수입액이 될 수도 있겠다. 반드시 확실한 목표를 세워야 한다.

중요한 것은 특정 기간 내에 숫자로 명시된 구체적인 목표를 세우는 것이다. 이러한 비결을 알게 된 뒤로 매년 구체화된 목표 설정을 매우 중요하게 여긴다. 계획한 대로 이루어질 것을 믿으며, 뇌가 나의 실행력에 시동을 걸기 시작하기 때문이다.

에번 카마이클은 《내가 선명해지는 한 단어의 힘Your One Word》에서 사업의 본질은 변하지 않는 핵심 가치를 추구하는 것이라고 말했다. 명확성이 생기면 다른 것은 다 알아서 풀린다고 하면서 당신의 원워드One Word를 찾으라고 제안한다. 나의 교습소 원워드를 찾아보자. 〈올리브트리영어교습소〉의 원워드는 '언어로서의 영어'이다. 처음에는 다독, 융합 교육, 놀이식 영어 등등을 내세웠다. 나의 모토를 한 단어로 정리하기 어려워서 여러 가지를 내세웠는데, 내가 명확하지 않으니 고객인 학부모들은 더 헷갈려 했다. 계속 수정을 거듭한 끝에 결국 교육의 콘셉을 '언어'로 잡으며 브랜딩하고 커리큘럼을 보완해가며 지금의 모습을 만들어냈다.

이 책을 읽고 있는 예비 원장님들의 원워드는 무엇일까?

나만의 수업 콘셉트와 커리큘럼을 세우며, 모토를 한 단어로 만들어본다면 더욱 명확해짐을 경험할 수 있을 것이다. 그러면 한 가지 질문을 더 던져 보겠다. "목표는 크게 설정하는 게 좋을까, 작게 설정하는 게 좋을까?" 제이슨 칼라카니스사업가는 이렇게 이야기한다.

"비전은 크게 갖되 거기에 이르는 한 걸음 한 걸음은 작게 디뎌야 한다. 계획을 실행할 때는 겸손하되, 미래를 향한 포부는 원대해야 한다."

물론 자본금에 따라 사업의 규모가 상대적으로 결정되는 것이 사실이다. 그러나 초창기 자본금이 적다고 해서 계속 사업이 작게만 유지되는 것은 아니다. 처음에는 작게 시작하지만 점점 본질에 집중하면서 사업이 확장됨에 따라 그 규모는 커질 수 있다. 그러니 처음부터 비전과 목표를 작게 설정할 필요는 없다.

명확성에 대한 이야기를 좀 더 해보면 브랜든 버쳐드의 《식스 해빗》에 나오는 높은 성과를 내는 사람들의 습관 중에 첫 번째 습관은 명확성이라고 한다. 그러므로 교습소 사업을 처음 시작할 때 스스로에게 던지면 좋을 명확성에 관한 질문들을 적어 보겠다. 스스로 답해볼 기회가 되길 바란다.

01. 이 교습소 사업을 통해서 내가 바라는 목적과 비전이 있는가? 있다면 적어 보자.

02. 이 교습소 사업을 통해 시작하는 해의 목표와 중기 및 장기 목표가 있는가? 구체적으로 적어 보자.

03. 이 교습소 사업을 통해 나의 모습은 어떻게 성장할까? 어떤 원

장을 꿈꾸는지 구체적으로 상상해 보자.

세 가지 단어로 자신의 모습을 표현해 보자. 추상적으로 느껴진다면 나의 예가 도움이 되었으면 좋겠다.

01. 나는 이 일을 통해 아이들이 영어를 즐겁게 언어로서 배워가고자 하는 비전과 목적이 있다.

02. 나는 첫 해에는 20명, 둘째 해에는 40명의 목표가 있었고, 현재는 60명을 목표로 하고 있다.

03. 이 영어 교육 사업을 통해 성장하고 도움을 주는 영어 전문가로서의 나의 모습을 상상했다.

그리고 필자가 아이들에게 다가가기 전에 생각하는 철학 세 가지는 '사랑, 가치, 성장'이다. 학부모님들께 다가가는 세 가지 철학은 '전문성, 진정성, 선함'이다. 교습소와 공부방은 1인 기업이기 때문에 자신이 감당할 수 있는 인원을 목표로 해야 한다. 원생들의 수가 20~30명 정도면 안정적으로 운영할 수 있다.

2.
커리큘럼 구성하기

이제 본격적인 교습소 커리큘럼을 구성해 보자. 일단 커리큘럼을 짤 때는 다음과 같은 것을 고민해야 한다.

01. 어떠한 콘텐츠를 가지고 할 것인가?

02. 나만의 콘텐츠를 가지고 있는가?

03. 어떻게 커리큘럼을 만들 것인가?

필자는 앞에서 언급한 '원서 영어 교육'과 '소리 영어 교육'이라는 콘텐츠로 커리큘럼을 만들었다. 예비 원장님들이 좋아하고 잘하는 콘텐츠로 커리큘럼을 짜야 한다. 먼저 자신이 좋아하고 잘하는 티칭이 무엇인지를 파악하고 알고 있어야 한다.

이번 기회에 자기 자신에 대해 생각해 보자. 자신의 장점과 단점을 적어 보는 일도 필요하다. 아래에 나의 장점과 단점을 적어 보자.

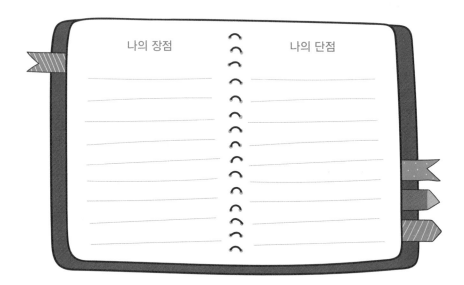

초반에는 단점이 중요하지 않다. 장점에 집중해서 커리큘럼을 구성해 나가야 한다. 단점을 보완하려고 초창기부터 너무 애쓰지 말라. 장점에 기반한 커리큘럼이 안정된 다음에 단점을 보완해 나가도 절대로 늦지 않다. 기억할 것은 장점에 집중하는 것이다! 충만한 자신감으로 마인드셋을 해서 본인의 철학과 목표를 녹여 내는 커리큘럼을 구성해 보자. 학년에 따른 수업 목표는 앞에 제시한 로드맵p.74 참조을 참고하여 구성해도 좋다. 다른 원장님들의 세미나를 듣고 벤치마킹해도 좋다. 해보다가 나의 것으로 수정해 나가자.

    필자의 경우, 교습소를 시작하기 전에 원서 영어 교육에 관한 세미나를 들었으면 좋았을 테지만, 그런 세미나가 있는지도 몰랐다. 처음 창업할 무렵 유명한 프랜차이즈 설명회에 갔었는데, 나의 스타일과 너무 안 맞는다고 생각해서 그냥 나왔다. 도무지 내가 원하는 방식을 설명하는 세미나는 알지 못했기 때문에 황무지를 개척해 나간다는 마음으로 홀로 나만의 콘텐츠를 만들어 수업을 진행해 나가면서 커리큘럼을 짰다. 내가 하고 싶은 수업은 확실했다. 바로 책으로 즐거운 수업을 한다는 것. 첫 2년은 내가 원하는 교육 방식을 마음껏 펼쳐나갔다. 나만의 아이디어로 몰입하고 연구해서 수업을 했다.

    그때의 〈올리브트리영어〉의 커리큘럼은 A4용지 한 장으로 정리할 수 있다. 이름을 정하고 상상했던 공간을 그려보고 지향하는 철학을 문장으로 만들어 슬로건을 내걸었다. 항상 그렇게 수업하려고 마음을 굳혔더니 커리큘럼의 방향이 자연스럽게 나왔다. 얼마 전에 발견한 초창기 커리큘럼이 적힌 종이를 보니 참 허술해 보였다. 하지만 그 뼈대에 살을 붙이고 경험을 붙이고, 더 나은 콘텐츠와 교재를 붙여서 여기까지 온 것뿐이다. 그 커리큘럼 용지는 학부모들에게 보여 주기 위해 만들었지만 사실 나에게 주는 메시지이기도 했다. 항상 그것을 기억하고 그러한 방향으로 가르치겠다는 다짐이었다.

·

그렇게 목표와 방향을 설정하고, 콘텐츠를 기획하고, 커리큘럼을 연구한 것은 사업의 주체인 나에게 중요한 초석이 되었다.

사실 학부모들은 커리큘럼에 대해 깊이 알려 하지 않는다. 이런 것이 있구나 하는 정도이다. 그러나 가르치는 사람이 가장 잘 알지 않는가? 흔들림 없는 방향성으로 아이들을 교육시키려면 기본을 잘 구축해야 한다.

또 한 가지 생각해 보아야 할 것은 '나의 교습소가 사람들과 세상에 어떤 유익함을 줄 것인가?'이다. 여기에 깔린 기본 마인드는 좋은 콘텐츠를 만드는 바탕이 된다. 좋은 콘텐츠가 만들어지면 성공을 위한 훌륭한 무기를 가지게 된다. 한편 시장성도 생각해 보아야 한다. 한마디로 '사람들에게 필요한가?', '사람들이 원하는가?', '이것에 돈을 지불할까?'에 대해 생각해 보아야 할 것이다.

실제 현장에서 교육을 하고 그 댓가를 받는다는 마인드를 가져야 한다. 사고를 비즈니스적으로 전환해야 한다. 내가 타게팅하는 시장의 특성에 대한 조사 및 분석, 그리고 사업 그 자체의 가능성에 대한 심도 있는 고찰이 전제되어야 한다. 교습소는 교육을 하는 곳이지만, 철저하게 시장 원리로 돌아가는 손익 구조 시스템에 지배받는 사업체이기도 하다. 즉 임대료 및 관리비도 내야 하고, 내 노동력 제공에 대한 댓가, 즉 순수익도 나와야 하기 때문이다.

보통 강사 출신의 원장님들은 교육적 마인드는 충만한 데 비해 사업적인 마인드가 부족하다. 내가 하기로 마음먹은 교육 사업의 시장성에 대한 고민 없이 무작정 사업을 시작해 버렸다. 다행히도 영어 교습소를 오픈하자 내가 찾지 않아도 학부모들이 알려 주기 시작했다. 다른 교습소는 어떻게 가르치는데 얼마이고, 인원은 얼마인데 2시간 동안 수업한다는 등 여러 가지 정보를 얻을 수 있었다. 그렇게 정리되지 않은 정보들을 듣게 되자, 주변의 환경과 교습소 상황에 대해 조사할 필요성을 느끼게 되었다. 또한 동네의 사회적 분위기와 그에 따른 학부모들의 스타일이 지역마다 다르다는 것도 알게 되었다. 이러한 것들은 교습소를 시작하기 전에 알았으면 좋았을 텐데, 이미 교습소를 창업하여 운영하면서 알게 되었다.

물론 지역과 주변 환경에 대한 상황 파악 없이도 콘텐츠 하나로 승부해서 진짜 실력으로 아이들을 모을 수도 있다. 인테리어가 허름하고 교통이 불편한 곳에 있어도 입소문으로 찾아오고, 웨이팅을 당연하게 여기는 숨은 맛집처럼 킬러 콘텐츠를 보유하면 된다. 하지만 우리는 음식점을 경영하며 요리를 파는 것이 아니라, 아이들을 대상으로 교육 콘텐츠를 팔고 있다. 주문한 지 10분이면 나오는 요리와는 다르게, 교육의 결과물이 나오려면 오랜 시간이 걸린다. 음식점이야 한 번쯤 먼 곳에 있는 맛집을 찾아갈 수도 있지만, 교습소는 주당 몇 회씩 자주 들락거려야 하는 곳이니 접근성도 매우 중요하다. 또 교습소 원장님의 교육 마인드와 아이를 대하는 태도도 교습소 선택에 큰 영향을 미친다. 좋은 콘텐츠를 만들기 위한 연구와 노력도 중요하지만, 내가 있는 지역의 시장 구조에 맞는 전략과 디자인도 필요하다.

콘텐츠 연구를 위해 원서 영어 교육 관련 세미나에 자주 참여할 것을 추천한다. 프랜차이즈 설명회도 몇 번 정도 참여해 보는 것이 좋다. 다만 그 자리에서 덜컥 계약하지는 말라. 계약은 신중해야 한다. 일명 묻지마 계약이나 을에게 부당한 조건을 요구하는 계약이 여전히 있다.

필자는 처음 유치원 파견 영어강사로 영어 교육을 시작했고, 이후 강남에서 놀이 영어 교육을 했었다. 그때부터 만들어진 콘텐츠를 기반으로 하여 원서 영어 교육을 활용한 나만의 융합식 놀이 교육을 접목시켜 콘텐츠를 완성했다. 내가 좋아하고, 내가 제일 잘할 수 있고, 아이들에게 정말 유익한 것, 이것이 나만의 킬러 콘텐츠이다.

원서 영어 교육에 대해 많이 궁금하다면 정정혜 선생님의 YBM 영독사 과정을 추천한다. 그 수업을 직접 듣지는 않았지만 수강한 선생님들의 평이 매우 좋다. 나는 숙명여대 TESOL을 했는데, 문해력Literacy 수업법, 다양한 교수법과 교육 이론 등을 접할 수 있어서, 내가 운영하는 교습소의 철학과 교육법의 베이스가 되었다. 숙명여대는 TESOL 교육기관 중 1순위 교육기관이며, 교육 내용이 잘 짜여져 있고 훌륭한 교수진들이 포진하고 있다. 이곳에서는 국제영어 교사와 독서지도사 자격도 취득할 수 있다.

한편 원서의 기본 흐름과 원서 영어 교육의 가치관은 정소영 관장님세계동화작은도서관의 강의가 많은 도움이 되었다. 그리고 소리 영어를 만나서 현장에서 아이들과 호흡하며 연구하고 녹여낸 결과물로 나만의 독보적인 '언어로서의 영어를 교육합니다.'라는 콘텐츠를 만들었다. 교습소를 시작한 처음부터 꿈꾸고 지향한 철학대로 나의 뇌가 움직여 아이들에 최적화된 콘텐츠를 보유하게 되었다.

물론 이렇게 되기까지 매우 힘들고 험한 길을 걸어왔다. 새로운 커리큘럼을 만들어가는 힘든 과정 없이 편하게 수업하길 원한다면 프랜차이즈에 가맹하는 게 나을 수도 있다. 그리고 프랜차이즈를 하면서 그 인프라를 베이스로 하여 조금씩 자기만의 콘텐츠를 쌓아가는 방법도 있다. 어느 경우든 자신의 노력으로 자기만의 콘텐츠와 커리큘럼을 구축했다면 그다음부터는 교습소 경영은 보다 수월해지고 경쟁력 있게 운영하게 될 것이다.

나만의 콘텐츠를 정립하고, 나만의 커리큘럼을 구성하자.

이렇게 커리큘럼이 완성되면, 수업 인원을 정하고, 레벨별로 반 이름을 만들고, 시간표를 짠다.

아직 원생들이 들어오지도 않았는데, 어떻게 시간표를 짜느냐고 반문할 수도 있다. 하지만 시간표를 미리 짤 것을 추천한다. 나의 경우 처음에 시간표를 딱히 정하지 않고, 들어오는 아이들의 시간에 교습소의 일정을 맞추었다. 결국 아이들의 다른 스케줄에 의해서 영어 수업 시간표가 정해진 것이다. 월/수/금 혹은 화/목의 고정된 시간에 수업이 있는 것이 아니라, 월요일/목요일 등 아이들의 일정에 맞추어 남는 시간에 영어 수업 시간을 맞추다 보니, 나중에 들어오는 아이들의 시간표를 짜기가 곤란해지는 경우가 생겼다.

처음에는 고객이 불편하면 안 되지 하는 생각에 내가 불편하더라도 한동안 한 명의 아이에게도 시간을 배정해서 수업을 해 주었다. 또한 시간표 변경이 당연한 것처럼 잘못된 습관을 들여 버렸다. 그래서 초창기 시간표는 매우 지저분했고, 그 시간표에 맞추려니 힘도 들었고, 학부모들의 불만도 제법 있었다. 나중에는 시간표를 일괄 정리한 후 교습소에서 정한 원칙을 고수하면서 시간표 문제는 해결되었다. 그럼에도 불구하고 1년에 한 번 정도는 연례 행사처럼 시간표 대란을 겪는다. 하지만 이제는 학부모들의 협조로 무리 없이 진행된다.

어쨌든 미리 시간표를 짜서 그 시간에 맞춰 아이들을 받을 것을 추천한다. 항상 무슨 일을 진행하기 전에 계획하고 결정해 두어야 뒤에 찾아 올 혼란과 무질서를 예방할 수 있다.

3.
그룹 수업 방식 vs
자기 주도 방식

수업을 디자인해서 시작하게 되더라도 수업 외적인 부분도 고민하여 자신에게 맞는 방식을 찾아야 한다. 티칭에 자신이 있는 선생님들과 학부모들은 그룹 수업을 선호하는 경향이 있다. 그런데 아이들을 붙잡고 90분간 그룹 수업을 하여도 아이들 실력이 쉽게 향상되지 않는다. 영어 수업의 경우 교사가 티칭을 아무리 잘해도 그 한계는 명확하다. 아이들을 영어 환경에 노출시켜 많은 양의 인풋을 넣어줘야 하고, 스스로 외우고, 읽고, 쓰고, 푸는 시간을 충분히 가져야 한다. 배운 내용을 스스로 탐구하여 자기 것으로 만들기 위한 노력을 기울여야 한다.

산해진미를 숟가락을 떠서 입에 넣어 준다고 해도 그것을 삼키는 것은 본인의 몫이다. 영어 강사가 영어를 아무리 잘해도 원생들의 실력이 느는 것은 아니다. 그래서 요즘 유태인의 하브루타[1]나 플립 러닝[2]과 같은 자기 주도식 학습법이 다시 주목을 받고 있다. 그렇게 되면 교사의 역할은 티칭이 아니라 코칭이 된다. 물론 영어 교습에도 티칭이냐 코칭이냐에 관한 의견이 분분하고, 여러 가지 스타일이 있다. 하지만 정답은 없다. 아이들의 영어 실력을 향상시키려면 어떤 방식이 좋을지, 영어 교습소 운영에는 어떤 방식이 좋을지는 전적으로 운영자의 마음에 달렸다.

---

1) **하브루타(Havruta)**

유대인들의 전통적인 공부법이자 교육법. 친구를 의미하는 히브리어인 '하베르'에서 유래한 용어로, 학생들끼리 짝을 이루어 서로 질문을 주고받으며 논쟁하는 유대인의 전통적인 토론식 교육방법이다. 자유로운 토론과 소통의 과정에서 해답을 찾게 되므로 창의적인 아이디어와 해결법을 이끌어 낼 수 있는 장점이 있다.

2) **플립 러닝(Flipped Learning, 거꾸로 수업)**

미국의 화학 교사 존 버그만에 의해 시작된 공교육 수업 방식. 말 그대로 교사와 학생의 역할을 바꾸어 학생이 주체가 되어 진행되는 수업으로 학생들의 참여도가 높아진다는 장점이 있다. 소수 학생들만의 점수 경쟁으로 치닫는 공교육 붕괴 상황에서 나머지 아이들을 적극적으로 배움의 현장으로 끌어들일 수 있는 대안의 수업 방식으로 주목받고 있다.

우리 교습소에서는 현재 아이들이 오면 55분간 교사와의 정독 수업을 그룹으로 진행한다. 소수 정예로 운영하기 때문에 한 클래스는 최대 6명이다. 그리고 수업이 끝난 후 5분 뒤에 아이들은 랩실에서 자기 주도식으로 학습하면서 60분 동안 영어를 듣고 따라 말하며 소리 영어 수업을 받은 다음 귀가한다. 이렇게 하면 그룹 수업만 할 때보다 아이들 영어 실력이 훨씬 빨리 향상된다. 그렇기 때문에 학부모들은 다른 교습소와 비교하면서 수업 시간을 늘려 달라는 말을 더이상 하지 않는다.

원서 영어 교육 모임을 통해서 여러 원장님들을 만나 이야기를 들어 보면 모두 각자의 특성에 맞게 다양하게 운영하고 있음을 알 수 있다. 어떤 원장님은 처음부터 매일 학원에 오는 코칭 콘셉으로 매우 꼼꼼한 코칭을 강점으로 운영하고 있고, 또 다른 원장님은 한 시간 강의 그룹 수업과 30분간의 개인 자습 시간을 세트화하여 운영하신다. 한편 오로지 자기 주도 수업만으로 아이들을 상위권에 올려놓은 공부방으로 유명한 분도 있고, 무학년제로 운영하시는 분도 있고, 그룹 인원을 8~9명까지 받는 분도 있다.

각자 내세우는 강점이 다르듯이 운영 방법도 다르다. 그런데 내가 조언하고 싶은 것은 1인 교습소는 원장이 수업하는 교사 역할을 동시에 수행해야 하므로 수업 시스템을 잘 정립해야 한다. 이때 모든 것을 혼자 다하려고 해서는 안 된다. 티칭을 잘 한다고 해서 아이들이 잘하는 것도 아니므로, 아이들이 잘할 수 있는 시스템을 만들어야 아이들의 실력도 향상시킬 수 있고 운영도 훨씬 수월해진다. 좋은 프로그램이나 교재가 있다면 가져다 쓰고, 아웃소싱을 잘 활용하면 수월하게 운영해 나갈 수 있다. 다만 핵심적인 수업 내용은 아웃소싱해서는 안 되고, 반드시 본인이 만들어야 한다.

자기 주도식 교육 방식을 보면 별도의 교실에 책상을 두고 자습하게 하거나 책을 읽게 하는 방식도 있고, 컴퓨터나 태블릿 PC를 활용해서 학습하게 하는 방식도 있다. 그러나 그 공간에 아이들만 두려면 지켜야 할 원칙이나 체계적인 루틴을 정해서 습관화시켜야 한다. 아이들만 있게 되면 자습에 대한 강제력이 떨어져 딴짓을 하거나 집중하지 않을 가능성이 많기 때문에 저학년부터 중학년인 4학년까지는 보조 교사를 두어 관리하게 하여 부수적으로 코칭하는 것이 좋다.

내가 운영하는 영어 교습소는 인원 수와 시간 배분을 고려하여 그에 맞는 시스템을 만든 다음, 자기 주도 교육 방식과 그룹 교육 방식을 조합해서 최선의 방법을 찾아야 한다.

4.
학부모를 상대할 때
필요한 마음가짐과 태도

교습소 운영을 시작하면서 필자에게 가장 두려운 존재는 학부모였다. 학부모를 만족시켜야 한다는 압박감에 초기에는 시간 배정과 반 편성 등 교습소와 관련된 많은 일들을 학부모 위주로 맞추고 나를 희생했다. 그러나 학부모에게 맞추면 맞출수록 돌아오는 것은 더욱 학부모 위주의 요구 사항이었고, 배려를 권리로 알고 함부로 행동하는 학부모들도 있었다.

초기에는 많은 배려를 했다. 아이가 어리면 교습소 내에서 대기하도록 자리를 마련해 주고, 시간표를 바꿔 달라고 하면 바꾸어 주고, 같이 수업하는 아이가 마음에 들지 않으니 반을 바꿔 달라고 하면 다른 반으로 옮겨 주었다. 또한 늦은 시간이나 주말에 전화해도 다 받아서 상담해 주고, 아이들의 독특한 성향에 일일이 다 맞춰 주었더니, 요구 사항들은 계속 늘어나기만 했다. 혹시 학부모가 불편하면 그것을 핑계로 그만두면 어쩔까 노심초사하며 학부모들을 두려운 존재로 여겼다.

초기에는 이상하게도 매너 있는 학부모들보다 까다롭게 굴거나 금세 그만두거나 힘들게 하는 분들이 많았다. 이것은 나의 학부모 응대 방법이 어설프고 서툴렀던 탓이었을까.

한번은 초등학교 5학년 남학생의 수업 태도가 너무 안 좋아서 혼을 내고, 그 일을 아이의 어머니에게 직접 말씀드린 적이 있었다. 어머니는 오히려 그 일을 크게 만들어 여기저기 말하고 물어 보고 다니다가 결국 교습소에 찾아와서 소리까지 지르셨다. 아이가 잘못을 했으니 오히려 내가 사과를 받아야 한다는 취지로 이야기를 하니, 분노를 못이기고 "애를 그렇게 키운 내가 미친년이야!"하고 소리를 지른 것이다. 그 일을 겪고 나자 밤에 숨을 쉬기 어려웠다. 이렇게 공황장애가 오는구나 라는 생각이 들었다.

금요 철야 기도에서 하나님께서는 우리가 어떠한 정죄감 가운데 있어도 우리를 새롭게 하신다는 전도사님의 말씀을 듣고서야 숨도 제대로 쉬어지고 마음의 평안이 찾아왔다. 종교는 때로는 심리치료 이상의 효과를 내기도 한다. 다행히 그렇게 공황장애의 위기는 넘겼으나, 그 이후로도 크고 작은 학부모와의 트러블은 나를 몹시 힘들게 만들었다.

이런저런 모든 일의 원인은 결국 내가 나 자신을 사랑하고 아끼지 않아서 시작된 일이라는 깨달음이 얻게 되었다. 세상 살아가면서 가장 힘든 것이 인간 관계인데, 학부모와의 관계도 마찬가지다. 내가 나 자신을 사랑하고 존중하지 못하고, 자존감 또한 부족했기에 사람들이 나의 선을 넘을 수 있는 여지를 준 것이다. 이는 제대로 선을 긋지 못하고, 원칙을 지키지 못했기 때문이다.

그리고 또 한 가지 사건을 통해서 내가 가지고 있던 학부모에 대한 원천적인 두려움의 실체를 알게 되었다. 학부모 한 분이 시간표를 계속 바꾸시다가 내가 시간이 안 된다고 하자 갑자기 삿대질을 하면서 "그렇게 하면 안 되죠! 시간표를 왜 안 바꿔주는 거예요?"하고 소리치는데, 순간 피가 거꾸로 흐르는 것처럼 느껴졌다. 그동안 그 학부모와 자녀를 지극정성으로 대해 왔기 때문에 충격이 더욱 컸다. 지금까지 그 학부모가 원하는 대로 얼마나 자주 시간표를 바꾸어 주었는가.

삿대질하는 그 손가락을 보는 순간 두려움이 엄습해 왔다. 하지만 그것은 그 학부모에 대한 두려움이 아니었다. 그것은 칭찬받고 싶고 인정받고 싶었던 나약한 나 자신에 기인한 두려움이었다. 그것을 깨달은 후 스스로에게 이야기하기 시작했다. "칭찬받지 않아도 돼.", "아무 일도 생기지 않을 거야.", "내가 정당하면 그것에 대해 비난하는 사람을 두려워할 필요 없어."

이 사건을 통해 나는 비로소 두려움이라는 터널에서 빠져나올 수 있었다. 나중에 그 학부모는 정식으로 사과하고, 미안한 마음에 선물까지 사 오셨다. 행사 후 청소까지 도와주는 모습에 얼어붙었던 마음이 녹고, 그 학부모를 용서할 수 있었다. 나 자신을 돌아보니 어렸을 때부터 목사의 딸로 자라오면서 굳어졌을 굿걸 콤플렉스good girl complex : 착한 아이 콤플렉스와 충분히 사랑받지 못했다는 애정 결핍의 마음이 나의 자존감을 한없이 낮아지게 했던 것이라고 결론짓게 되었다.

'미움받을 용기'가 있어야 인생을 당당하게 살 수 있다. 나와 다툰 학부모가 안 좋은 소문을 내면 어쩌지 하는 두려움은 사실 아무것도 아니다. 내가 잘못하지 않았다면 떳떳하고 당당하면 그만이다. 그때부터 조금씩 어깨를 펴고 당당히 내 의견을 말하기 시작했다. 현재는 친절하지만 당당한 태도로 학부모를 응대한다. 처음부터 교습소의 원칙을 명확하게 알려드리고, 충분한 커뮤니케이션을 통해 학부모님과 가까워지려 노력한다.

학부모를 상대하기 이전에 제일 먼저 살펴 보아야 할 마음가짐으로 자존감을 꼽고 싶다. 나 자신을 사랑해야 학부모도 아이들도 사랑할 수가 있으니, 당연한 이야기같지만 참 쉽지 않은 부분이다. 1인 기업인 공부방과 교습소의 원장은 사업의 일부가 아니라 전체이다. 원장이라는 사람이 제대로 서야 사업도 잘 되는 법이다. 창업 초기에 사업을 일정 궤도에 올리려면 원장 스스로도 자신을 희생해야 하지만, 자신을 너무 몰아 붙이면 무너지기도 쉽다. 스스로 사랑하는 법을 먼저 깨달아야 한다.

자신을 사랑한다는 것도 머리로 알고 끝내면 안 된다. 반드시 실행해야 한다. 자신을 사랑해 주고 존중해 주는 습관 기르기를 해 보자. 일에 지친 자신을 위해 "수고했어!"라고 말하는 습관을 기르거나, 감사 일기를 쓰는 것도 좋다. 일을 시작하기 전에 좋아하는 커피를 한 잔 사 주거나, 일이 끝나고 나서 따뜻한 목욕을 할 수도 있다. 독서, 운동, 명상 또는 좋아하는 취미 시간을 가질 수도 있을 것이다. 사업 초기에는 시간적으로나 경제적으로나 자기 자신에게 투자할 여력이 별로 없지만, 나를 존중해 주는 데 드는 시간과 물질은 최고의 투자이고, 다시 성과로 돌아올 것이다. 나를 먼저 잘 챙기자.

그다음으로 학부모를 상대하기 위한 확신과 정직함을 꼽으라고 말하고 싶다. 좋은 스펙이나 화려한 경력이 있다고 해서 교습소 창업에 반드시 성공할까? 그렇지 않다. 영어 강사로서 필요한 자격만

갖춘다면, 학부모는 스펙이나 경력보다는 아이들을 가르치는 진정한 실력과 열정과 확신, 그리고 사람 됨됨이를 더욱 중요하게 본다. 필자 역시 스펙이나 경력이 화려한 사람이 아니다. 해외 유학파나 교포 출신도 아니다. 그럼에도 영어 교육 측면에서는 나름의 철학이 있고, 확신이 있고, 열정이 있다. 이런 장점들이 블로그를 통해 표출되고, 학부모를 만나 상담할 때도 열정과 철학을 가지고 확신 있게 이야기하면 믿음을 줄 수 있다.

학부모를 응대할 때는 선한 마음, 진정성, 전문성의 세 단어를 되뇌이고 만난다.

선한 마음은 먼저 내가 좋은 것을 주겠다는 마음이고, 친절한 마음이다. 친절은 서비스를 제공하는 입장에서는 반드시 전제되어야 하는 미덕으로, 교육 서비스도 마찬가지다. 누구나 사람을 만날 때는 기분 좋게 만나고 싶어하기 때문이다.

진정성은 신뢰를 끌어내는 기본 조건이다. 원장의 교육에 대한 열정, 그리고 아이들에 대한 사랑은 학부모를 감동시킨다. 때론 한 아이의 엄마이고, 동네 주민인 것도 어필할 수 있다. 신뢰 받을 만한 이웃이자 아이를 키우기 위해 고민하는 엄마라는 동질감을 느끼도록 할 수 있기 때문이다. 어떤 학부모는 원장 혼자서 일을 하니 힘에 부쳐 자신의 아이에게 신경을 못 써줄까 봐 노심초사하기도 한다. 또 험한 세상에 아이가 어떻게 될까 하고 안 해도 될 걱정을 하는 부모도 많다. 이런 부분에 대해서는 확실하게 안심시켜 줄 필요가 있다.

학원이나 교습소 내의 안전 시설 및 기본 위생에 대해 설명하고, 특별히 코로나19에 대비한 방역 대책 등 아이들에게 얼마나 신경을 쓰는지도 꼼꼼하게 이야기할 필요가 있다. 어린 자녀를 둔 부모들은 이 부분을 유심히 볼 것이다. 또한 아이들을 가르치는 선생님의 성격이나 성품이 어떨지도 궁금해 하고 중요하게 생각할 수도 있다. 학부모가 궁금해 하거나 걱정하는 부분에 대해서는 시간을 들여 설명하여 안심시켜야 한다. 상담 시간이 너무 짧다면 교습소나 공부방을 소개한 블로그를 활용하여 추가적인 정보를 얻도록 한다. 충분한 정보는 학부모에게 진정성을 어필하는 훌륭한 도구이다.

마지막으로 전문성을 생각해야 한다. "나는 영어 교육의 전문가이다."라는 자신감을 가지고 교육 전문가로서 학부모를 만나야 한다. 등록 여부와는 상관없이 상담 시간에는 교육적인 팁을 전달하고, 교육 전문가로서의 조언을 아끼지 않는다. 그리고 등록을 하게 되면 계속해서 상담과 소통 채널을 열어두고, 영어 교육과 육아 전반에 대한 조언과 제안을 지속하며, 함께 고민해 나가야 한다. 이러한 모든 일들은 반드시 투명성과 정직성이라는 기본 원칙을 두고 이루어져야 한다.

성공하는 사람들의 공통점 중 가장 중요한 것이 바로 정직함이라고 하지 않는가. 정직한 것은 평소에는 손해보는 것처럼 느껴져도 위기 시에는 빛을 발한다. 사람들은 대체로 감추거나 숨기고, 좋은 부분만 어필하는 비즈니스적 마인드에 대해 익숙하다. 그래서 진심을 가지고 대하는지 쉽게 알아본다. 개인적인 이야기까지 너무 많이 오픈하거나 학원 운영에 대해서 불필요한 부분까지 이야기를 나눌 필요는 없지만, 어떤 대화이든 진정성 있고 진실한 자세를 견지하여야 한다.

이것이 바로 내가 우리 교습소에 아이를 맡기는 학부모들의 신뢰와 지지를 얻은 방법이다. 특히 코로나19 상황을 겪으면서 휴원하거나 온라인 수업으로 전환했을 때 신속하게 알리고, 환불 조치하거나, 방역 기자재·1인용 책상 등을 구입하여 대처하니 이렇게 신속하고 정직하게 대처한 곳은 없었다면서 열정적인 지지와 신뢰를 보내 주셨다. 코로나19 초기에는 어려움의 연속이었지만, 학부모님들의 두터운 지지로 소개를 통해 아이들이 더욱 많이 들어와서 더 크게 도약할 수 있었다.

코로나19 초기였던 2020년 2월 말경 이곳 송파구는 연달아 확진자가 발생하여 매우 불안하고 예민한 상황이었다. 유치원과 초등학교도 임시 휴업을 하는 상황에서 좀 더 발 빠르게 카톡으로 임시 휴업을 안내했다. 우리 교습소는 이미 학부모와의 소통을 위한 단톡방을 운영하고 있었다. 평상시에는 행사 안내나 월별로 안내문을 보내는 용도로 사용하였다. 그리고 대화 시에는 개인 톡을 활용하고, 자료나 숙제는 밴드를 통해서 전달하고 있었다. 이번 코로나19 상황에서는 단톡방을 통해 빠른 소통을 할 수 있었다. 그당시 정상 등원으로 그냥 버티는 학습소나 학원들도 있었고, 아무 안내가 없는 곳도 있었다. 그런데 나는 같은 학부모의 입장에서 이것은 안전 문제 이전의 심리적인 문제라고 생각하고, 휴원 문자를 한 발 앞서 보냄으로써 어머님들의 마음을 크게 안심시킬 수 있었다. 휴원일에 대하여는 환불이나 이월 조치를 통해 안심시켜 드리고, 뉴스와 상황에 촉각을 곤두세웠다.

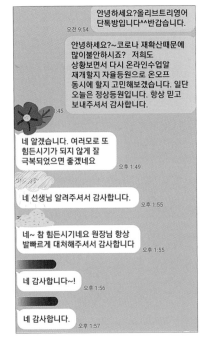

온라인으로 그림책 수업　　　가정에서 온라인으로 수업하는 모습
(어머니께서 보내 주심)

그러나 코로나19 상황이 장기화되면서 다른 돌파구를 생각하지 않을 수 없었다. 다른 교습소들은 그냥 버티거나 장기 휴원에 들어가서 큰 어려움을 겪거나 질타를 받기도 했다고 한다. 나는 이미 자기계발 강의를 통해서 익숙해진 Zoom이라는 앱을 통해서 온라인 수업이 가능하리라 판단하고 준비하여 온라인으로 수업을 이어갔다. 이것이 학부모님들의 큰 환영을 받게 될 줄이야.

코로나19로 불안한 상황도 걱정이지만, 한편 아이들의 영어 공부도 걱정이 되신 학부모님들의 심리와 니즈에 잘 부합되어 온라인 수업을 3주간 본격적으로 하게 되었다.

"위기는 기회다!"

이처럼 코로나19로 위기가 왔지만 어머니들의 신뢰를 얻는 기회

그리고 처음으로 맞이하는 어려운 시기에 선생님의 대처와 결단으로 혼란스러움이 덜 했던 것 같습니다.

코로나 같은 상황에 대한 대처도 선제적이시고 투명하셔서 다른 학원은 안 다녀도 올리브트리는 안심하게 되는 것 같아요. 노고에 항상 감사드립니다.

가 되었다. 기존 원생들의 동생도 들어오고, 학부모님들의 소개로 원생이 더 많이 들어 왔으며, 이탈률은 낮아졌다.

온라인 수업은 또 다른 시도이자 전환이었다.

단톡방에 Zoom 초대 코드를 보내고 초대 번호와 비밀 번호만 보내면 접속이 가능하다. 온라인으로 화상 수업까지 연결해 주니 집에서도 수업을 놓치지 않고 영어 공부를 지속할 수 있는 환경이 조성되었다. 수업료도 처음에는 50% 할인에서 시작하여 10%까지 할인해 드리다가 후에는 대면 수업과 같은 가격으로 수업이 진행되니 교습소 운영에도 큰 손실이 없었다. 이전에는 참여가 부진하던 온라인 숙제나 멀티미디어 활용이 필수가 되었다.

하지만 온라인 수업은 대면 수업에 비해 에너지가 많이 소모되어 수업 후 거의 기절 모드가 되었다. 가정에서 관리가 되는 아이들은 잘 따라왔지만, 그렇지 않은 아이들은 학습 성과에서 차이가 났다.

　그래서 Zoom을 이용한 수업은 어쩔 수 없는 경우에만 진행하게 되었다. 코로나19 상황이 악화되었을 때는 요일별로 대면 수업과 병행하기도 했다. 그리고 부모님들과 아이들의 상황을 고려해서 온·오프 통합으로 자유롭게 수업을 진행하기도 했다. 온·오프 수업은 각각 장단점이 있다. 나 개인적으로 오프 수업을 훨씬 좋아하지만, 온라인 수업은 어려운 시기를 잘 넘기게 도와준 최고의 해결책이었다.

　코로나19 상황은 교습소의 위생 및 안전과도 직결되므로 이전보다 훨씬 철저하게 관리하고 학부모와 아이들을 안심시켜야 했다.

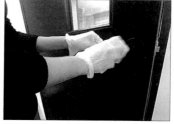

교육청에 신청해서 무료로 3번 방역을 할 수 있었고, 특히 우리 교습소는 도서관으로 등록되어 있어서 구청에서 1회 방역을 무료로 받았다. 그 외에도 분사식 소독보다 안전하고 인체에 무해한 차아염소산수를 대량 구매하여 매일 소독하고 환기하였다. 필수품이 된 마스크와 손세정제 구비 등 기본적인 사항부터 교육청으로부터 지원받은 비접촉 열체온기와 출입자 명단 및 발열 관리 대장 비치까지 만반의 준비를 하고 코로나 시대를 지나고 있다.

코로나19 이후에 또 달라진 풍경은 다음과 같다. ① 토요일에 진행하던 이벤트가 사라지고, ② 팥빙수 데이·마켓 데이 등은 마스크를 착용하고 개최했으며, ③ 수업도 사회적 거리 두기를 유지한 상태로 진행하였으며, 학부모 간담회는 온라인으로 진행했다.

코로나 시대의 책상 배치

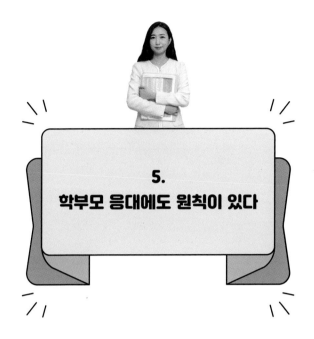

5.
학부모 응대에도 원칙이 있다

학부모님들은 고객이면서 까다로운 상대임에는 분명하지만, 원칙을 정해 놓으면 그렇게 응대하기 어려운 분들은 아니다. 기본적인 원칙과 선을 분명하게 해 두면 큰일 없이 무난하게 교습소를 운영할 수 있다.

아무리 교양 있고 인품이 훌륭한 사람이라도 자녀 문제에 대해서는 예민할 수밖에 없다. 또 학부모들은 원하는 대로 다해 준다고 해서 만족하는 것도 아니다. 오히려 원칙과 선이 분명할 때 더 안심하는 경향이 있다. 예를 들어 수강 시간 변경 · 보강 · 학부모 상담에 대한 원칙 등을 정해 놓고 가이드라인을 제시하면, 불필요한 요구를 미리 차단할 수 있고, 훨씬 자유롭게 운영할 수 있다. 개원 초기 이런 원칙들 없이 학부모들의 요구에 다 맞춰 주면서 겪은 시행착오 끝에 깨달은 값진 교훈이다. 원칙을 만들고 나서는 훨씬 편하게 운영하고 있을 뿐 아니라 학부모와의 관계도 더욱 좋아졌다.

2019년에 겪었던 매우 아팠던 사건 하나를 이야기하겠다. 6세 남자아이를 둔 학부모 A씨는 매우 만족하시면서 우리 교습소에 아이를 보내고 있었다. 아이가 어려 직접 등·하원을 시켜야 하는데, 딱히 기다릴 장소가 없다고 하여 교습소 방 하나에서 대기하도록 배려해 드렸다. 소개로 온 다른 어머니도 함께 그 방에서 수업이 끝나기를 기다리게 되니, 차츰 그 방이 커피숍처럼 되어 버렸다. 수다 떨고, 마시던 커피도 두고 가고, 때로는 아버지들도 참여하더니 음식까지 먹고 뒤처리도 않고 가는 것이었다. 점입가경으로 교습소에 오는 아이들을 보며 품평회를 열고 지적질마저 시작했다. "너는 영어교습소 올 때 가방도 안 가져오니?", "쟤는 유치원에서도 아이들이 기피하는 얘에요." 보조 선생님과 도와주러 온 남편은 말할 것도 없고, 나 역시 그분들이 점점 부담스러워지기 시작했다. 하지만 지금까지 개방하던 방을 닫아버릴 수도 없어, 내가 조금만 참으면 되지 하면서 견디던 중에 사건이 터졌다.

어느 날 같은 반에 다니는 아이의 학부모 B씨가 그 방에서 아이를 함께 기다리며 이야기를 나누게 되었다. 그 만남 이후 A씨는 새로 만난 학부모 B씨가 까다롭게 군다면서 B씨의 자녀와 같은 반을 하기 싫으니 분반시켜 달라고 요구했다. 반 아이들이 5명인데 2명만 따로 수업을 열어 달라는 것이다. 그리고는 더욱 충격적인 발언을 이어갔다. 당시 나의 아이도 내가 운영하는 교습소에서 수업을 받고 있었는데, 아무래도 엄마가 원장이다 보니 다른 아이들보다 조금 더 자유롭게 놀지 않았나 싶다. 그런데 A씨의 말이 B씨가 곧 다가올 교습소 내 학부모 간담회에서 원장님 아들이 교습소에 오지 못하도록 말하겠다고 이야기했다는 것이 아닌가.

"그래서 미리 말씀드리는데 원장님 아들을 교습소에 오지 않도록 하면 어떻겠어요? 아니면 내가 원장님 아들이 시끄럽게 하지 않도록 혼내 볼까요?"

만약 수업에 방해가 되는 상황이었다면 그에 대해 생각해 보았겠지만, 아이가 노는 것이 수업에 지장 줄 정도도 아니었고, 게다가 아이의 아빠도 아이를 데리고 귀가하기 위해 함께 있었기 때문에 콘트롤이 불가능한 상황도 아니었다. 나는 수업에 집중하고 있었고, 다른 방에 엄마들이 모여서 나의 아이 흉을 보고, 나의 흉을 보고, 원장이 공과 사를 구분 못한다느니 험담을 해대고, 심지어 간담회 때 나의 아이가 교습소에 다니지 못하게 하도록 이야기하겠다거나, 시끄럽게 하니 혼내도 되겠냐고 하는 것은 너무 지나친 처사였다.

그래서 내가 이해한 상황이 맞는지 다시 되물었다. A씨는 자기 의견은 아니라고 하면서 B씨 핑계를 대기에 일단 알겠다고 전화를 끊고는, B씨에게 전화를 걸어 사실을 확인했다. B씨는 놀라면서 말이 어떻게 그렇게 와전되었느냐고 하면서 자신도 아들 키우는 엄마인데 그건 아니라면서 그렇게 들으셨다니 죄송하다고 하였다. B씨는 A씨가 우리 아들 이야기를 자꾸만 하길래 맞장구는 쳐주었을 뿐이라고 한다.

하늘이 노래지고 심장이 쿵쾅 거렸다. 내가 A씨의 아이를 지극정성으로 가르치는 동안 밖에서 나의 아이는 혼나고 있었고, 내가 배려한 공간에서 그분들은 나를 욕하고 있었다. 수십 번 생각하고 또 생각해도 용납되지 않았다. 그냥 넘어가야 하나 어떻게 해야 하나 정리가 되지 않아, 영어 학원 원장님들이 모여 있는 카페에 글을 써서 물어 보았다. 그랬더니 백이면 백 강제 퇴원시켜야 한다고 입을 모아 댓글을 달아 주었고, 함께 분노하며 안타까워 해 주었다.

그래도 마음이 진정되지 않았고, 쉽게 결정을 내릴 수 없었다. 아이들과는 좋은 관계를 유지했고, 수업에도 잘 따라와 주었기에 내 손으로 내보내고 싶지 않았다. 그 다음날 밤 20년 넘게 학원을 해 오신 존경하는 원장님께 전화를 걸어 자초지종을 설명하니 그분께서도 가족을 건드린 것은 넘지 말아야 할 선을 넘은 것이기 때문에 내보내는 것이 옳은 판단이라고 하셨다.

하지만 아이를 내보내는 것은 굉장히 신경써야 하는 일이므로, 다음과 같이 말하라고 가르쳐 주셨다.

"우리 교습소의 교육을 좋아해 주셔서 감사합니다. 하지만 저의 자녀도 제 교육의 일부이기 때문에 저의 자녀가 마음에 들지 않으시다면, 제가 교육을 계속하기 어려우니 다른 교습소를 알아보시기 바랍니다."

마음을 다잡고 전화를 걸어 그렇게 말을 했다. 말은 그렇게 했지만, 오해라고 하거나 죄송하다는 말 한마디만 했어도 내보내는 것을 다시 고려해 보았을 것이다. 그러나 A씨는 더 화를 내며 "B씨가 뭐라고 했기에 그래요? 기가 막히네요. 다 원장님을 생각해서 한 이야기인데. 나도 우리 아이 더는 못 보내겠어요."하고는 전화를 끊었다. 기가 막힌 일이었지만 그걸로 다 끝났다고 생각하고 가슴에 묻기로 했다.

그리고 한 닷새 정도 지났을 때 갑자기 다른 학부모로부터 전화가 왔다. "원장님! 교습소에 무슨 일 있어요?" 무슨 일이냐 물으니, "맘 카페에 글이 올라 왔어요! 그런데 원장님, 그 글 읽지 마세요. 속상하실 테니. 딱 봐도 누군지 아는데, 여기에서도 너무 시끄럽게 하고 진상이었어요. 다른 엄마들이 물어 보면 제가 잘 이야기할게요." 남편에게 이야기했더니, 바로 그 글을 읽고는 나더러 안 보는 것이 좋겠다고 한다.

궁금하기도 하고 어떻게 대처해야 할지 생각도 해야 겠기에 결국 그 글을 읽었다. A씨가 올린 글의 내용은 자기의 잘못은 쏙 빼고, 내 아이가 너무 시끄러워 수업에 방해가 되는데 원장이란 사람이 공사 구분을 못하여 문제 제기한 자기만 쫓겨났다는 식의 하소연이었다. 워낙 큰 카페라 그 글은 바로 인기글이 되어 3,000명이 읽고 60개의 댓글이 달렸다. 그중의 반은 A씨의 댓글이었으니, 30여 명의 맘카페 회원이 댓글로 A씨를 위로해 주고 있었고, 나는 공사 구분 못 하는 개념 없는 원장이 되어 난도질당하고 있었다. 게다가 A씨는 댓글에 어느 역 근처에 있는 다섯 글자 교습소에 도서관도 같이 하고 있는 곳이라며, 이름만 말하지 않았지 관심 있는 사람들은 다 알만하게 적어 놓았고, 쪽지로는 학원 정보도 알려 주고 있었다. 순간 아찔했다. 그리고 댓글로 바로 따져 묻고 싶은 마음도 들었다. 무엇보다도 나의 아이가 이슈의 한가운데 있는 것이 견디기 힘들었다. 다른 교습소 원장님들께서는 사실이 아닌 내용으로 비방하는 것은 모독과 영업 방해 행위이니 카페글을 캡쳐하여 내용 증명을 보내고 정식으로 고소해야 하며, 절대로 그냥 넘어가서는 안 된다고 충고했다.

며칠을 울었는지 모른다. 깊은 잠을 이루지 못해 자다가 깨어서 무릎 꿇고 기도하고, 다시 울며 괴로워하다 잠들고 하기를 3주 이상 했다. '애당초 왜 대기를 허락했을까?' 자책도 하고, '왜 처음부터 선을 긋고 원칙을 세우지 못했을까?'하고 내 자신을 원망하기도 했다. 내가 꿇어주는 것은 하겠지만, 나의 자식에게까지 그러라고 하는 것은 용납할 수 없었다.

애초에 교습소를 시작했던 것도 내 아이를 내 손으로 교육시키겠다는 목적도 있었지 않은가. 결국 자녀를 잘 키우고 싶어서 시작한 일이 내 아이는 자꾸만 배제되고 관리마저 안 되는 상황에 이르렀다. 내 자식 방치해 두고 남의 자식 실력 키우는 게 말이 되는가. 그래서 교습소 원장님 중에는 자신의 아이는 다른 교습소에 보내는 분들도 있다. 나의 경우는 내가 생각하는 좋은 커리큘럼의 영어 교육을 내 아이도 받게 하려고 몇 번을 수업에 넣었다가 빼면서 혹시나 다른 아이들에게 피해가 가지 않도록 주시하고 있었다. 아이 입장에서도 엄마를 엄마라고 부르지 못하고, 엄마가 다른 아이들에게 정을 주는 것을 보고도 샘내지 않고 참아야 했을 텐데…. 아이에게도 못할 짓을 하고 일을 이런 지경까지 만들었나 싶기도 했다.

특히 일하는 엄마여서 아이에게 신경도 많이 못 써 주었을 뿐만 아니라 교습소에서 일어나는 온갖 사건들에 부대낀 몸과 마음 상태를 그대로 집에 가져가야 했기에, 마음이 번아웃되어 아이에게 따뜻한 말 한마디 제대로 건네주지 못했다.

아이가 다섯 살 때의 일이다. 일을 끝내고 집에 가서 빨래를 개는 도중에 너무 피곤해서 개다 말고 잠이 들어버린 엄마를 보고는 아이가 대신 빨래를 개주었다. 아침에 아이가 고사리 손으로 갠 듯 꼬깃한 빨래산이 쌓여 있는 것을 보며 마음이 얼마나 짠하고 뭉클했었는지 모른다. 그런 아들이 좀 활동적이긴 하지만, 그러한 오해와 질타의 한가운데 있는 것을 보면서 이젠 교습소를 접어야겠다는 생각마저 들게 했던 가장 아픈 사건이었다.

그렇게 한동안 정신을 못차리고 있었는데, 생각보다 정신적으로 회복이 안 되어서 생애 처음으로 미술 치유 상담을 받았다. 내가 만난 미술 치유 담당 교수님은 다행스럽게도 나의 상태는 정상이라고 해 주셨다. 하지만 너무 힘든 상황이고 스트레스를 오랫동안 받은 상황이니 한 달 정도 상담을 받아보라고 하셨다. 4주간 미술 치유를 받는 동안 교수님은 나에게 생각보다 많은 위로와 치유를 전해 주셨고, 미술 치유는 생각보다 효과가 있었다. 무엇보다 교수님께서 알려주신 '마음을 떨어뜨려 보는 스킬'은 아이들과 학부모를 상대할 때 실제적으로 도움이 되었다. 내 인생을 돌아보고 또 앞으로 나아가기 위해 잔잔한 위로가 되어 주었다. 누군가가 나의 이야기를 들어 주는 것만으로도 큰 힘이 된다는 사실을 깨닫게 되었다.

그리고 나서 학부모 간담회를 잘 마쳤다. 학부모들은 생각보다 본인 아이 이외의 일에는 관심이 없었다. 맘카페 글은 카페지기를 통해 내려졌고, A씨는 내가 환불해 주려고 보니 오히려 2회 분이나 수강료도 덜 내고 있었다. 하지만 내가 나가라고 한 것이니 그냥 두라고 했다. A씨에게 내용 증명을 보내고 법대로 할 수도 있었지만, 그런 일에 시간과 에너지를 소비하는 동안 교습소에 신경쓰지 못 할 것 같아 단호히 잊기로 했다. 교습소를 접을까, 차라리 신도시로 이사해서 공부방을 다시 할까 여러 가지 생각도 했지만, 믿어 주시는 현재 학생들과 학부모들을 보면서 마음을 다잡았다.

몇 달 후 갑자기 항상 원하던 동네의 좋은 장소로 확장 이전하게 되었다. 지하철 두 정거장 정도의 거리여서 아이들이 다른 곳으로 안 가고 다 같이 이전한 장소로 왔다. 나를 믿어 주고 계속 아이들을 보내 주시는 학부모들께 감사한 마음으로 열심히 수업을 진행하니 이전보다 더 좋은 소문이 났다. 사실 확장 이전은 쉬운 일이 아니다. 그런데 모든 일이 일사천리로 풀렸다. 재정적인 문제도 잘 해결되었을 뿐만 아니라, 양심적인 인테리어 업자와 좋은 건물주를 만나 어려움 없이 이전하게 되었다. 그리고 감사하게도 이전한 곳에서 원생은 40명을 넘어 50명이 되었다.

맘카페에 올라온 글을 읽었을 때는 바로 교습소가 망할 것 같았고, 또 험담을 써 놓은 A씨에게는 한마디도 내뱉지 못하고 참아야 하는 마음이 지옥 같았으며, 학부모들이 손가락질하고 아이들을 데려갈 것 같았는데 말이다. 이때 인생에서 위기가 올 때 잘 버텨야 하고, 위기를 통해 기회를 얻을 수 있다는 것을 배웠다. 항상 원하던 좋은 장소로 교습소를 이전할 기회를 고민 없이 잡을 수 있었던 것도 위기에 숨겨진 기회의 씨앗이었다. 그리고 미술 치유를 통해 더욱 내 마음을 돌보고 사람을 상대하는 스킬까지도 배울 수 있었다. 무엇보다 원칙을 세울 수 있었다.

그날 이후로 우리 교습소의 빈방에서 학부모가 아이를 기다리도록 하지 않았다. 또 학부모들에게도 필요 이상으로 잘하려고 하지 않는다. 상담 시에 까다롭게 하거나, 많은 것을 요구하거나, 응대하기 힘들 것 같은 학부모가 오면 원칙을 확실하게 이야기하고 받지 않으려고 한다. 하지만 생각보다 그런 분들은 별로 없다. 매너가 좋고 인품이 훌륭하신 분들, 그리고 상식적인 분들이 대부분이다.

시간이 많이 지난 후에 그 카페 글을 읽으셨다는 분이 오셨다. 그분은 카페 글뿐만 아니라 내가 블로그에 올린 글도 읽고 직접 판단하셨다고 하시면서 차로 20분 이상 되는 거리임에도 불구하고 기꺼이 어린 자녀를 등록시키셨다.

학부모와 관계는 인간 관계이기 때문에 잘 하다가도 간혹 실수할 때도 있고 부정적인 경험도 하기 마련이다. 이 커다란 사건을 통해 나는 어떤 일이든 크게 연연하지 않고 툴툴 털어내는 방법을 배울 수 있었다.

그 일이 있은 지 일 년이라는 시간이 흘렀다. 지금도 A씨의 마음은 도저히 이해할 수 없다. 같이 아이 키우는 입장에서 어떻게 그렇게 자기 아이와 자신만 생각할 수 있을까? 남의 입장에 대해서는 조금도 생각해 보지 않기 때문에 자신의 감정에 파묻혀서 잘못된 결정을 하고, 못 먹는 감 찔러 보자는 식으로 나쁜 소문을 내는 것을 보면서 '40년을 그렇게 살았겠구나'하고 참 안쓰러운 생각까지 들었다.

그분은 공감 능력이 부족한 분이 아닐까 생각한다. 공감 능력 상실이 우리 사회에 참담함을 가져오는 경우를 종종 볼 수 있다. 조금만 둘러봐도 이같은 사례들이 있다. 얼마 전에 한 어머니가 놀이터에서 자기 아이를 때리고 자전거를 타고 도망가는 아이를 차로 받아버린 사건이 있었다. 결국 그 어머니는 행동의 고의성이 인정되어 구속되었다. 학부모들을 많이 만나다 보니 세상에 자신의 아이만 있고 다른 아이들은 없다는 식의 사고방식을 가진 학부모들도 있다. 기사에서뿐 아니라 우리 가까이에서도 가끔 이런 이기적인 학부모들을 볼 수 있다. 공감 능력이 조금만 있었어도 그렇게까지는 하지 않을텐데 하는 생각이 든다.

그런 의미에서 등장 인물이 있고 주인공의 감정에 자신을 대입하여 공감 능력을 키우는 책 읽기가 아이의 사회적 감수성을 키워가는 데 얼마나 도움이 되는지 생각하게 된다. 그리고 내가 진행하는 원서 영어 수업이 매우 가치 있는 일이라는 생각도 들었다.

최근 한 엄마가 어떤 학원장에 관한 험담을 했는데, 그것이 근거 없는 이야기를 퍼트린 것으로 판단되어 그 엄마는 벌금 500만 원을 내게 되었다는 기사를 읽었다. 근거 없이 자기 위주로 남의 일을 각색하여 사실이 아닌 험담을 퍼트리면 고소당해 벌금을 물 수도 있다. 지금도 그때 참고 그냥 넘어가기를 잘했다고 생각하지만, 다른 사람을 근거 없이 비방하는 사람은 언제든 법적인 책임을 져야 한다는 사실을 사례를 통해 깨닫기 바란다.

시간이 지나면서 A씨에 대한 분노와 그로 인한 상처에서 빠져나와 객관적으로 볼 수 있는 눈도 생겼다. 그러고 보니 그사이에 나 자신도 성장했다. 하지만 나와 같은 일을 누구도 다시 겪지 않기를 바란다. 학부모와의 어긋난 관계로 인한 고통은 내가 겪은 것으로 충분하므로 이 글을 읽는 예비 원장님들은 미리 원칙을 세우고 선을 정해서 학부모와의 관계를 원만하고 깔끔하게 유지하시기 바라는 마음으로 이 글을 적었다.

그리고 그 일을 겪고 나서 가장 좋은 것은 이제 어떤 일이 생겨도 "한 번 와 보라!"는 배짱이 덤으로 생겼다는 사실이다.

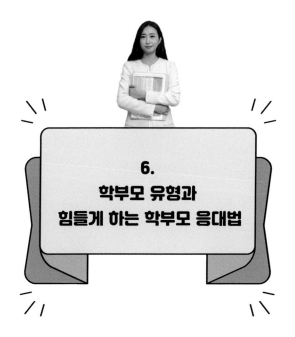

6.
학부모 유형과
힘들게 하는 학부모 응대법

학부모들을 몇 년 동안 응대하다 보니 그 유형을 몇 가지로 분류할 수 있게 되었다. 다른 선생님들이나 원장님들도 저마다 자신을 더욱 힘들게 하는 특정한 유형이 있음을 알고 있을 것이다.

'감정을 떨어뜨리고 보는 법'을 더욱 잘할 수 있도록 학부모의 유형을 몇 가지로 분류하여 적어본다.

01. **이기주의형** : 자기 아이 위주로 생각하며, 이것저것 지적하고 까다롭게 굴고 위생이나 안전에 예민하게 군다.

02. **피해의식형** : 쉽게 발끈하거나, 잘 분노하고, 불평 불만이 많다.

03. 민폐형 : 늦은 결제, 아무때나 전화, 주말 카톡, 수강료 깎기, 예의나 매너가 없다.

04. 영어교사는 나라는 형 : 수업 내용과 방식에 지나치게 관여하며, 숙제를 비롯한 요구 사항이 많다.

작년 1월에 원장님들이 모여 있는 까페에 이 글을 올렸더니, 순식간에 인기글이 되었다. 또한 위로와 해결책을 얻었다는 댓글들이 달리고, 심지어 몇 번 정독을 했고 프린트해서 서랍에 넣어 두었다가 힘든 순간마다 보겠다는 내용도 있었다. 그 정도로 이 세계에는 학부모로 인한 고민이 늘 넘쳐난다.

내가 학부모의 유형을 분류해 놓은 이유는 같이 웃고 넘기자는 것도 아니요, 학부모를 비난하고자 함도 아니다. 학부모를 유형화함으로써 비슷한 일이 생겼을 때 조금 떨어진 거리에서 스스로를 객관화해서 문제를 바라보고 학부모를 응대할 수 있도록 하기 위해서이다. 나 역시 감정 에너지의 기복이 큰 사람이라 쿨하게 비즈니스적으로만 대하지 못하고, 발생한 문제에 감정을 덧붙여서 그 문제를 더 키웠던 경험이 많다. 그러나 이런 유형 분류를 통해 조금 객관적으로 보게 되고, 나 또한 어디 가서 이러한 진상으로 치부되는 것은 아닌지 스스로를 돌아보기도 한다. 역지사지로 생각해 보고 많은 것을 수용해야 한다. 원장 입장에서만 생각하지 말고 학부모 입장도 한

번 더 고려해야 한다.

정신분석학 박사 고울 스톤은 그의 저서 《토킹 투 크레이지》에서 이렇게 이야기한다.

"진상을 받아들여라!"

처음 그 책을 접했을 때 제목이 너무 공감되었고, 학부모들을 이해할 수 없었을 때 읽었다. 하지만 책 내용은 도무지 이해할 수 없었다. 진상! 그들을 받아들여야 해결된다니 이해가 안 되는 그들을 어떻게 받아들여야 할는지부터가 어렵다고 생각했다. 몇 년이 지난 후 그 책을 다시 읽었을 때 그간의 경험치 덕분인지 저자의 말을 이해할 수 있었다. 고든 박사는 이렇게 말하고 있다.

"우리 모두는 완벽하지 않다. 이 세상에 완전히 정상은 아무도 없다."

고객으로 온 진상은 다시 안 보면 그만이지만, 가족으로 온 진상은 계속 우리와 함께해야 하는 존재이다. 우리 주변에는 비정상으로 보이는 많은 사람들이 존재한다. 심지어 가족 중에도 말이다. 사실 알고 보면 그들도 사랑받고 싶어 하는 한 인간일 뿐이다. 나 역시 누군가에게는 비정상처럼 느껴질 수 있다. 누구에게나 이상한 구석이 한 가지씩 있는 법이다. 누가 옳다그르다 잘잘못을 따지기 보다 그들을 수용할 때 함께 살아가는 법을 배울 수 있다.

진상 받아들이기를 위한 나만의 노하우는 '감사하기'이다. 그래도 우리 교습소에 와서 나를 믿고 아이를 맡겨 주니 고맙고, 교습비를 제때 내 주니 고맙고, 우리 수업을 좋아해 주니 고맙다. 이런 고마운 점을 찾아 말하기 시작하니 나를 힘들게 하는 점들도 사소한 것으로 보이는 신기한 경험을 했다. 무엇보다 어떤 사람에 대한 불만보다는 감사함과 평안함이 자리잡기 시작했다. 인간 관계는 늘 어렵지만 반복되는 경험으로 인해 단단한 근육이 생기고 나만의 요령이 생겼다.

신규 학부모와의 상담

신규 학부모와 상담을 할 때는 우리 교습소로 유치하기 위해 취하는 저자세를 버리고 양질의 좋은 교육을 제공하는 교육자로서 당당하게 상담하고 그 간격을 유지하는 것이 좋다. 상담 후 등록하지 않았다고 해도 너무 자책할 필요는 없다. 부족한 부분이 보이면 보완해서 다음에 잘하면 된다. 초보 원장들은 상담 후 바로 등록하지 않으면 거절당했다는 기분을 느끼기 쉬운데 그럴 필요 없다. 나를 거절한 것이 아니라 내가 지향하는 교육법과 고객의 상황이 맞지 않았을 뿐이다. 오히려 나에게 맞지 않은 고객이 들어오지 않은 상황에 안도하는 것이 맞다. 어차피 아이들을 무제한 받을 것이 아니라 내게 맞는 소수정예로 시작해야 하지 않은가. 초창기에는 어떻게든 원생들을 유치하기 위해 같이 오면 할인도 해 주고 이런저런 혜택을 베풀며 원칙대로 하기 어려웠지만, 어느 정도 안정된 뒤로는 원칙에 어긋나면 하지 않는 것이 가장 좋다는 사실을 느끼게 되었다.

재원생 학부모와의 상담

재원생들 학부모 역시 정직함을 바탕으로 숨김없이 상담하되, 아이의 입장에서 그리고 학부모의 입장에서 상담을 진행하여야 큰 어려움 없이 소통할 수 있고, 학부모들이 더 신뢰하게 된다. 항상 진심을 전하기 위해 노력하고, 아이를 양육하는 동반자적인 입장에서 학부모를 도와주려는 마음으로 다가가야 한다. 혹시나 오해할 수 있는 상황에 처하더라도 원칙에 입각하여 당당함을 잃지 않아야 한다.

아이에 대해서 피드백할 때에는 항상 긴장감을 가지고 긍정적인 부분 중심으로 말씀드리고, 부정적인 피드백을 해야 할 때도 숨기지 말고 해결법을 함께 고민하고 내가 생각하는 개선 방안을 제안하는 것이 좋다. 학부모와 상담하기 전에 1분 정도 어떤 내용을 이야기할지 미리 머릿속으로 정리한 다음 상담에 임하는 것이 좋다. 대화 중 내가 잘못한 부분이 있다면 즉시 인정하고 사과한다. 그러나 상대가 선을 넘는 말을 하거나 인격적인 부분을 건드리는 발언을 하면 참을 필요는 없다. 원칙에 입각하여 단호함을 보여 주는 것이 좋다.

만약 헤어질 때가 온다면 쿨하게 보낸다. 사실 어떤 경우라도 퇴원 자체는 기분 좋은 일이 아니다. 이사를 가든 다른 교습소로 옮기든 간에 퇴원은 기쁘지 않은 일이다. 나갈 때는 아무리 좋았던 관계여도 뒤도 안 돌아보고 가기도 한다. 처음에는 정든 아이들과의 이별에 마음 아파하기도 했는데, 이별하는 일은 늘상 있는 일이므로 마음을 비우는 게 좋다. 들어올 때보다 나갈 때 사람의 인격이 더 잘 보인다. 하지만 그러면 어떠한가. 너무 연연하지 말고, 웃으며 잘 되길 빌어주고, 또 기회가 되면 뵙겠다고 늘 쿨하게 보내 주어야 내 마음이 편하다. 이별하는 일에 에너지를 소진시킬 필요는 없다.

그런 일이 없기를 늘 바라지만 때로는 내 마음 같지 않게 사건이 발생하기도 한다. 그럴 때는 즉각적으로 반응하지 말고, 주위의 조언해 줄 원장님들에게 자문을 구한 뒤 이성적으로 사고하고, 학부모 입장에서 여러 가지 각도로 생각해 보자. 그리고 다시 당사자와 이야기해야 할 때는 감정을 최대한 배제하고, 주어를 '내가'로 사용하는 'I message' 방식으로 이야기를 풀어나가자. "제가 생각하기에는…, 제가 느끼기에는…, 이런 느낌인데 어머니께서 말씀하시는 게 이것이 맞나요?"하고 당사자가 말한 내용을 되물어 보자. 이러한 대화 방식은 불필요한 오해를 푸는 데에 많은 도움이 되며, 감정을 순화시키고, 문제를 좀 더 원만하게 해결할 수 있는 방안이 될 수도 있다.

사례 1 --

"선생님 안녕하세요? 이번에 우리 가빈이가 수학을 해야 해서 시간표 변경을 원하는데, 기존에 다니던 화/목 말고, 월/수로 바꿔주시면 안 될까요?"

"어머님 안녕하세요? 이번에 가빈이가 수학도 하는군요. 그런데 저희 시간표가 월/수에는 가빈이가 들어올 반이 없네요. 어떻게 하죠?"

"뭐예요? 아니 다른 때는 시간표 잘 맞춰주시더니 왜 이번에는 안 맞춰줘요. 이런 식으로 하면 안 돼요!"

"어머님! 그렇게 말씀하시니, 제가 느끼기에는 어머니께서 일단 시간표 변경이 안 되어서 속상하신 것 같은 데 맞으신가요? 하지만 안타깝게도 가빈이가 들어오게 될 반이 월/수에는 없어서 변경이 어렵습니다."

"아! 그렇군요. 가빈이는 수학을 해야 하는데…. 일단 알겠습니다. 수학 시간을 조정해 봐야겠네요."

I message로 "제가 느끼기에는… 제 생각에는…" 하면서 주어를 나로 하고 표현하니 "어머님! 이렇게 화내시면 안 되죠."라는 You message보다 상대가 받아들이기 편하고 공감하는 언어로 이야기하면 상대 어머니는 이내 진정하고 불필요한 오해나 사건의 계기를 만들지 않게 된다.

사례 2 --

재원생 상담 시 문제점을 이야기해야 할 때는 장점을 먼저 이야기하고, 문제점에 대한 해결점을 반드시 제시한 다음 마무리해야 한다. 해결 방안을 혼자 짊어지기보다 학부모와 나누는 해결안을 제시하자.

"어머니, 안녕하세요? 우리 희원이가 영어 글씨를 어찌나 잘 쓰는 지요. 힘들다는 이야기도 안 하고 쓰기를 너무 예쁘게 잘 합니다."

"어머, 우리 희원이가 잘 쓰나요? 다행이네요."

"그런데요. 어머니, 희원이가 소리 내어 따라하기는 아직 힘들어 하네요."

"아, 그런가요?"

"어머니, 제가 큰소리로 따라하는 아이에게는 스티커를 주고 있거 든요. 가정에서도 영어 영상 보여 주면서 반복해서 따라 말하기를 할 수 있도록 도와주시면 스티커도 받고 영어 실력도 좋아질 거예요."

"네, 집에서도 그렇게 하도록 할게요. 감사합니다."

재원생 상담이 아름답고 훈훈하게 마무리되려면 아이의 상황과 문제를 항상 고려하여 답과 방향을 제시하려고 노력하는 모습을 보여 주어야 한다. 우리 아이가 완벽하지 않다는 것은 어머니들도 알고 계신다. 다만 그것을 그대로 바라보기보다는 함께 고민해 주고 해결해 주려는 모습을 보여야 선생님에 대한 신뢰가 쌓이게 된다.

•

7.
학생과의 관계

아이들을 좋아해서 시작한 직업이라 할지라도 아이들을 상대하는 것은 쉬운 일만은 아니다. 엄마이면서 선생님이라면 자연히 아이를 키우면서 터득하게 되는 아이 다루는 노하우가 있을 것이고, 미혼의 선생님이라 할지라도 아이들을 많이 다루다 보면 경험과 노하우가 쌓인다. 착하고 순종적인 모범생만 받으면 좋겠지만, 세상에는 어른의 다양함만큼이나 아이들의 모습도 다양하고, 선생님을 힘들게 하는 아이들도 있기 마련이다.

말을 예쁘게 하지 않는 아이, 까칠한 아이들도 알고 보면 사랑이 필요한 아이들이고, 내면적으로 상처를 가진 아이들이다. 그럴 때는

"네가 그렇게 말을 하는구나!"하고 떨어뜨려서 다시 되묻는 방법이 바로 혼내거나 기분 상함을 드러내는 것보다 도움이 된다. 깊게 호흡을 한 번 하고, 아이들을 이해하려고 해보자. 아이들에게도 저마다의 특성과 이유가 있다. 이해와 사랑에 기반하여 아이들을 대하는 것이 맞지만, 잘못한 점에 대해서는 단호함을 가지고 훈계도 해야 한다.

아이들의 연령에 따라 관계를 맺는 방식에는 차이가 있다.

유치부는 가르치기 힘든 면은 있어도 관계가 가장 애틋하다. 사랑스럽고 귀여운 유치부 아이들은 나와 케미가 가장 잘 맞는 것 같다. 아이들이 좋아하는 젤리 · 사탕 등의 간식은 기본이고, 스티커 등으로 호감을 주고, 많이 안아주고, 칭찬해 주고, 좋은 말들을 해준다. 쇼맨십과 스킨십을 가장 많이 필요한 연령대이다. 나이가 어린 만큼 화장실 가는 일, 옷이나 우산 등 소지품 케어도 같이 해준다.

초등부는 저학년까지는 숙제 관리를 하고, 스티커 등의 도구를 이용하여 상을 준다. 일 년에 두 번 봄과 가을에 마켓 데이를 열어서 상으로 받은 스티커를 가짜 달러로 전환해 주어 원하는 물건을 살 수 있도록 해준다.

초등부 고학년에게는 마켓 데이 대신 레벨이 올랐을 때 문화상품권을 준다. 숙제를 안 하면 남게 하는 등 하드 트레이닝을 시키기도 하지만, 치킨 파티나 라면 파티 등으로 분위기를 조성해 주기도 하고, 아이들을 독려하여 '으샤으샤' 분위기를 띄워 주기도 한다.

　대부분의 선생님들은 아이들을 좋아하고, 아이들의 눈높이에서 공감하고 이해하는 마음으로 수업하려 한다. 하지만 마냥 놀아주는 일이 아니라 수업을 진행하여 실력 향상이라는 결과물을 만들어내야 하는 교습소의 특성상 아이들에게도 원칙을 분명히 하고, 수업 이외에 것에 시간을 낭비하거나 에너지를 쏟지 않도록 주의해야 한다. 수업 시간에는 수업에만 몰입하도록 하고, 수업 그 자체에 재미를 붙일 수 있는 습관을 길러주어야 한다.

　너무 공부만 한다는 느낌이 들면 팥빙수 데이같은 이벤트도 열어 주면 좋은데, 그런 이벤트 역시 영어로 진행을 하여 배움이 함께하는 시간으로 만든다.

　외국인을 만나서 대화하는 경험은 돈으로 살 수 없는 값진 체험이다. 길거리의 낯선 사람이 우리나라 사람이라도 말을 걸기는 쉽지 않다. 현재는 코로나19 상황으로 못하고 있지만, 고학년들과 함께 이태원이나 경복궁에 가서 외국인들에게 말을 거는 미션을 한 학기에 한 번씩 했었다. 그동안 배운 실력을 현장에서 검증하는 이벤트로, 외국인과 직접 만나 대화해 보면 아이들의 영어 실력도 향상되지만, 세상을 배워 나간다는 측면에서도 바람직하다. 나가기에 앞서

고학년 이태원 미션

'다른 문화권의 사람에게 어떤 질문을 하면 좋을까?'에 관련된 질문 내용을 직접 만들면서 고민하는 시간을 갖는 것도 효과가 있다. '어떤 질문을 해야 할까?', '그들은 무엇을 좋아할까?', '그들의 생각은 어떨까?' 많은 고민의 시간이 필요했다. 그러려니 아이들이 가진 지식과 정보가 총동원되었다. 아이들 입장에서 상당히 유익한 시간이 되었다. 나는 외국인한테 말거는 상황을 엄청 즐기는 사람이라 아이들에게 그런 이벤트를 열어 주는 것을 좋아한다. 나의 원래 성격은 내성적이지만, 이럴 때는 적극적이다. 코로나19 상황이 종결되면 다시 아이들과 함께 이벤트를 시작해 볼 생각이다.

수업을 하다 보면 아이들 때문에 힘들어지는 상황이 자주 생긴다. 하긴 내 자식 하나 키우기도 쉬운 일이 아니지 않은가. 그런 상황이 발생하면 즉각적으로 혼내거나 시시비비를 가리려 하지 말고, 일단 흥분을 가라앉히고 간격을 둔다. 그리고 "네가 이렇게 이야기했구나. 이것이 맞는 말일까? 선생님은 속상하다."라고 하는 'I massege'로 말하기, 그리고 '바로 잡기' 약속하기, 상벌주기 방식으로 아이들을 이끌어가는 것이 좋다. 또한 아이에 관해서는 학부모와 바로 커뮤니케이션하여 숨김 없이 정직하게 이야기하는 것이 원칙이다. 그래야 뒤탈이 없다. 다만 아이에 대한 이야기를 할 때는 팩트 중심으로 하고, 교사로서의 감정과 생각을 이야기하되 긍정적인 부분부터 애정을 가지고 이야기해 나가면 부정적인 피드백에도 신뢰를 보여준다. 항상 대안을 가지고 피드백하는 것이 중요하다.

불평만 이야기하고 비난만 하다가 끝내지 말고, 고민의 흔적과 대안을 이야기하고 의견을 묻는 것이 좋다.

기억나는 학생이 한 명 있다. 올리브트리의 첫 졸업생인 이 학생은 지금은 교습소를 떠나 중학생 전문 영어 학원에 다닌다. 이 학생은 초등학교 5학년 때 처음 왔다. 처음에는 선생님과 영원히 영어 공부를 함께하겠다면서 말을 잘 듣던 예쁜 녀석이었는데, 사춘기가 오면서 짜증도 내고 수업 시간에 트러블을 일으키고, 선생님과 마찰을 빚었다. 타이르면 또 잘 하겠다고 했다. 그렇게 사랑과 전쟁이 이어졌다. 아이의 감정 기복이 너무 심해져서 결국 어머니께 다른 학원

·

을 알아보도록 말씀을 잘 드렸다. 그렇지만 어머니는 끝까지 믿어주시고 "많이 힘드시겠지만, 그래도 아이가 선생님께 배우겠다고 하네요."하셨다. 그렇게 아이는 중학교 1학년까지 다니게 되었다. 다행히 중학교에서 수행 평가로 하는 영어 발표 대회에서 전교 2등을 했고, 듣기 평가도 100점을 받았고, 시험 성적도 우수했다. 2학년이 되기 직전 모든 중학생을 졸업시키게 되었는데, 이때 아이의 어머니는 꽃다발을 들고 찾아오셨다. 그동안 너무 감사했다고 하시면서. 이전의 힘겨웠던 기억이 모두 사라지는 느낌이었다. 이런 순간은 금으로도 살 수 없는 보람된 시간이다.

아이들이 들어오고 나가는 일이 반복되니 나의 감정을 지키기 위해서 되도록 정을 주지 않게 된다. 적당한 거리에서 아이들의 영어 실력을 올려주면 되는 것 아닌가 라는 지극히 당연한 생각도 했었지만, 가끔 아이들이 맺어 놓은 귀한 열매를 보는 순간, 또 학부모들이 그 열매를 알아봐 주는 순간이 온다. 그때의 감격은 이루 말할 수 없다. 아무리 사교육이라 해도 교육자로서 내 인생에서 가장 가치 있는 순간 중 하나가 아닐까 생각한다. 그런 순간이 오면 온전히 곱씹고 또 곱씹는다. 어머니들께 받은 손편지도 프린트해서 바인더에 보관하고, 답장을 쓰고 감사의 고백을 하면서 힘들 시기를 위한 충전의 시간을 갖는다.

아이들을 대하는 나만의 특별한 비결은 아이들 하나하나 눈을 바라보면서 '너는 정말 특별한 존재야!'라는 마음으로 대하려고 한다. 물론 사람이다 보니 더 잘 맞는 아이들도 있고, 정이 덜 가는 아이들도 있지만, 최대한 공평하게 대하려고 애쓴다. 나의 애정은 이벤트를 통해 구체화된다. 어린아이들이 좋아할 만한 '쿠킹 데이'부터 '할로윈 데이', '땡스기빙 데이', '크리스마스 파티' 등을 개최하여 아이들에게 최대한의 재미와 기쁨을 주고, 고학년들에게는 '파자마 데이' 등의 이벤트를 열어 준다.

많고 많은 교습소 중에서 우리 교습소에 와준 것이 고맙다. 영어를 처음 접하는 아이들은 더 반갑다. 다른 데서 영어에 익숙해져 오는 아이들보다 첫 단추를 끼워가는 아이들이 시작은 더 힘들 수 있어도, 나로서는 덜 힘들게 여겨지는 심리적인 의미가 있다. 아무래도 그들에게는 내가 첫 영어 선생님일 테니까 말이다. "영어 선생님 좋아요."라는 말 한마디에 지친 어깨가 올라간다. "다니는 교습소 중에서 여기가 제일 재밌대요. 주말에도 오고 싶어 해요." 이런 말을 들을 때면 뭔가 아이들의 삶에 좋은 영향력을 주고 있다는 생각에 마음이 설렌다. 누구나 아이들의 기억에 좋은 선생님으로 남고 싶은 마음이 있을 것이다. 아이들이 힘든 영어 공부이지만 재미있다고 느끼고, 나도 잘할 수 있다는 자신감에 충만하여 진짜 실력을 쌓아간다면 나의 목표는 충분히 이루어진 것이다.

행사 사진

Thanksgiving Day

Christmas Party

part 05

나를 성공으로 이끈 비법

1.
나의 강점 살리기

공부방이나 교습소를 차리려고 결정했다면 인지도 있는 프랜차이즈 하나 껴서 안전하게 진행하고 싶은 생각을 하게 마련이다. 설명회에 가보면 온갖 달콤한 말로 유혹한다. 마치 그 프랜차이즈에 가맹하면 정말 편하고 모든 것이 다 잘 될 것처럼 들린다. 과연 그럴까?

그 프랜차이즈의 커리큘럼이 좋고, 콘텐츠와 자료를 다 제공한다고 할지라도 그것으로 요리해서 맛을 내야 하는 것은 원장 본인의 몫이다. 수업 능력과 노하우는 절대로 프랜차이즈로 해결되지 않는다.

비싼 프랜차이즈 가맹비를 내면서도 초보 원장의 애로 사항을 그대로 겪고 있는 분도 많다. 내가 학원 강사를 하던 시절에 프랜차이즈 가맹점을 많이 목격했다. 교재를 팔아야 하는 프랜차이즈의 특성 상 아이들의 상태와 상관없이 매달 책을 주문해야 하고, 쓰지도 않은 교재비를 교습소나 학원장이 떠안는 모습도 보았다. 물론 양질의 콘텐츠를 제공하기도 하고, 브랜드 이름naming value 때문에 엄마들이 이름만 듣고 찾아오게 하는 효과도 있다. 하지만 실제로 학생들을 가르치고 결과를 내야 하는 것은 오롯이 원장과 교사의 몫이다. 그래서 유명 프랜차이즈를 기웃거려보지만 선뜻 계약하지 못한다.

최근 원서 영어 교육 프랜차이즈 원장님들과 선생님들을 만날 기회가 많아져서 그들의 이야기를 들어 보면 프랜차이즈 회사에서 해결해 주지 못하는 애로 사항을 많이 듣게 된다. 결국 본인의 수업과 운영 능력이 교습소 운영에 큰 부분을 차지하므로 굳이 프랜차이즈를 선택할 이유가 없다는 것이 나의 생각이다.

나만의 교습소를 운영하기 위해서는 프랜차이즈 영어 교습소와의 차별화 전략이 필요하다.

- ☻ 내가 원하는 교육 콘셉을 정하고 교육 방법 및 커리큘럼을 디자인한다.
- ☻ 프랜차이즈 사업 설명회보다는 학원 및 교습소 교육 방법 세미나를 듣는다(학원장들이 모인 카페에 가입하면 세미나를 들을 수 있다).

☺ 세미나에서 들은 내용들을 교습소 운영과 수업에 적용하여 나만의 교습소를 만들어간다.

☺ 내 앞에 있는 한 명의 학생에게 집중하여 좋은 결과와 만족을 만들어 내자.

☺ 수업적인 면과 운영적인 면에서 학생에게 좋은 것을 지속적으로 연구하고 성장시켜 나가자.

교습소 창업 초반에는 나의 강점에 주목하자. 내가 잘하는 것과 못하는 것을 자세히 살펴보되, 못하는 것에는 크게 집중하지 말고 에너지를 쏟지 않는다. 초반에는 강점에 집중하고, 나중에 어느 정도 안정된 뒤에 단점을 보완하는 방향으로 간다. 처음에 너무 완벽해지려 할 필요는 없다. 좋아하는 일에 몰입하여 성과를 내야 나중에 잘 못하고 힘들어하는 일도 챙길 여력이 생긴다. 처음부터 단점마저 완벽하게 보완하려 한다면 시작하기도 전에 지칠 것이다.

내가 분석한 나의 강점은 이러하다.

01. 아이들과 잘 놀아주는 것.

02. 창의적인 무엇인가를 통해 아이들을 즐겁게 몰입시키고 성장시키는 것.

03. 놀이식 영어 수업으로 아이들과 깊은 유대감을 느끼는 것.

이때 도출된 시작점이 '즐거운 영어'였다. 아이들과 즐겁게 영어 수업을 하다 보니 아이들이 영어 실력 향상에 관심을 가지게 되었다. 그것이 '어떻게 하면 유창하게 읽을까?', '어떻게 하면 듣게 되고 말하게 될까?', '쓰기를 어떻게 시키면 좋을까?'하는 식으로 끊임없이 관심을 갖고 연구하게 된 원동력이 되었다. 현재는 '언어로서의 영어'가 모토가 되었지만, 처음부터 이러한 모든 것을 염두에 두고 시작한 것은 아니다.

처음 시작하시는 분들은 본인의 강점을 먼저 파악해서 그것을 전면에 세우는 것이 좋다. 문법이 강점이라면 체계적인 영어 문법 수업을 앞세우고, 꼼꼼한 관리가 장점이라면 아이들의 학습 관리를 강점으로 부각시키면 된다.

성공한 원장님들의 세미나에 참석하여 강의를 들으면 꼭 저렇게 해야만 할 것 같은 생각이 들게 된다. 그런데 그분은 그분의 장점으로 저렇게 성공하였으므로 그 100%를 나에게 적용시킬 생각을 할 필요는 없다. 일단 나 자신을 들여다 보자. 내가 뭘 잘하고 언제 기쁨을 느끼는지. 사업의 가장 핵심 자원인 나에 대해서 파악해 보자.

자신을 정확하게 분석한 데이터가 있으면 좋겠지만, 그렇지 못하다면 성격 심리 검사를 받아보는 것도 한 방법이다. 애니어그램이나 MBTI 검사성격유형검사를 추천한다. 또 자신에 대해서 곰곰이 생각해 보고, 자기 이름을 종이 가운데 쓰고 방사형의 마인드맵을 그려보면서 내가 좋아하는 것, 떠오르는 이미지 등 생각나는 대로 브레인스토밍을 해보아도 좋다. 자신에 대해서 연구하고 생각해 보는 시간을 별도로 가져 보길 바란다. 거기에 사업 핵심 아이템이 있다. 외부에서 찾지 말라. 자신을 먼저 연구하라.

사업에서 성공한 사람들은 내면에서 먼저 답을 찾았다. 주변에서 영어 교습소 사업을 성공한 사람들을 보면 자기가 가진 재료로 시작했고, 먼저 자신을 내적으로 들여다 본 사람들이었다. 내적인 에너지 · 내면의 힘을 먼저 키워야 한다.

성공한 원장님들 중에서 아이스마일어학원 원장님을 예로 들고 싶다. 그 분은 처음 공부방에서 시작하여 몇 개월만에 교습소를 열었고, 다시 또 몇 개월만에 원생 수 80명을 채워 학원으로 확장하시고, 학원을 연 지 1년 만에 원생 수 100명 넘겨 다시 어학원으로 확장하였다. 모두 3년 만에 일어난 일이다. 그분에게는 여러 가지 남다른 성공 요소가 있었겠지만, 내가 그분을 봤을 때 외향적이신 분도 아니고, 여러 세미나를 많이 다니신 것도 아니고, 외부 모임도 거의 하지 않으신 분이다. 온전히 그림책에 꽂혀서 그림책을 제대로 공부하여 그것을 녹여서 아이들에게 접목하신 분이다. 그 힘으로 아이들을 가르치고 성장시켜서 입소문만으로 그 지역 아이들이 가장 선호하는 어학원으로 성장했다.

콘텐츠를 찾아서 헤매기 전에 자신이 가장 좋아하는 것을 발견하고 깊이 연구해 보면 어떨까? 그리고 부족한 부분들을 배우고 채워나가고 개발하여 나만의 콘텐츠로 온전히 만들어보자. 그리고 나서 부족한 부분이 보인다면 보완해 나가는 방식으로 완성도를 높여가도록 노력하자. 처음부터 모든 것을 다 배워서 시작하려고 했으면 엄두를 못냈을 것이다. 따라서 처음에는 내가 가진 강점을 부각시켜 단점을 보완하고 배우면서 성장하는 것이 맞다.

나는 처음에 다양한 세미나들이 열리고 있는지도 모른 채 오로지 내 방식으로 연구해서 만든 커리큘럼으로 35명의 원생을 모았다. 그 이후에 다양한 세미나를 통해서 나의 부족한 부분을 보완하고, 또 고민하고 연구해서 소리 영어 교육과 다독을 접목하여 만든 현재의 콘텐츠로 또다시 원생 50명의 규모로 도약할 수 있었다.

2.
고수에게 배운다

주변에 성공한 영어 교습소 원장님들의 이야기를 들어보면 저마다의 스토리가 있다. 그런 이야기는 귀 기울여 들어볼 가치가 있다.

내가 창업을 준비할 무렵 흔쾌히 본인의 교습소에 초대해 주셔서 성공 스토리를 들려주셨던 월 천만 원 버신다는 원장님, 궁금한 마음에 찾아갔을 때 성공 요인을 들려주시던 일 년에 억대 버는 공부방 원장님, 원생 100명 이상을 모아 교습소에서 학원까지 확장해 나가신 그림책 장인 원장님, 창업 초기 빠르게 50명을 모집한 공부방 원장님 등을 만나 진솔한 이야기를 들을 수 있었다.

유심히 듣고 그분들의 방식 중에서 나에게 적용할 점이 있는지 살펴보고 도움이 될 부분은 바로 실천으로 옮겼다. 그분들의 이런 이야기를 통해 많은 것을 배우고 스스로 창업에 도전할 용기를 얻을 수 있다.

내성적인 성격이지만 필요하다면 들이대기를 잘하는 내가 성공한 원장님들께 직접 들이대서 얻을 수 있었던 혼자만 알기 아까운 주옥 같은 성공팁들을 여기 공개한다.

월 천만 원 매출의 교습소 원장님

내가 가장 먼저 만났던 원장님은 내가 그당시에는 알지 못했던 영어 교습소 1인창업의 세계에 눈을 뜨게 해주신 숙명여대 TESOL 선배였다. 숙명여대 〈TESOL 잡페어 홈스쿨 상담코너〉에서 만나게 된 그 선배님은 당시에 담담한 목소리로 "원생 50명에 월 천 법니다." 라고 자신을 소개하셨다. 홈스쿨에 관심이 있어서 갔는데 새로운 세계를 만난 느낌이었다. 그때까지 학원 강사만 하고 있었기에 수업을 많이 해봐야 300만 원대 정도 받는 게 최대 액수인 줄 알았는데 500만 원도 아니고 천만 원이라고?

다들 놀라서 폭풍 질문을 해댔고, 급기야 TESOL 동기들을 데리고 대여섯 명이 우르르 그 교습소에 몰려갔다. 그분은 성공의 핵심 요인을 '진정성'이라고 말씀하셨다. 학생들을 대할 때 진정으로 대하면 그것이 통한다는 것이다. 그리고 이런 말씀도 하셨다.

"제가 티칭 스킬을 말해 드린다고 똑같이 하실 것도 아니고, 본인이 가장 잘할 수 있는 자신 있는 부분으로 가르쳐 보세요. 예를 들어 저는 자신감을 가지고 말하기나 발표를 할 수 있도록 가르칩니다. 하지만 유치부를 가르치는 일은 식은땀이 나서 못해요. 자기가 잘할 수 있는 강점을 찾아서 해보세요."

그분이 하신 말씀을 가슴에 새기면서 내가 잘할 수 있는 원서 영어 수업으로 콘텐츠를 잡은 것은 정말 잘한 선택이었다.

일 년 억대 매출의 공부방 원장님

블로그 이웃을 통한 세미나에서 강소진 원장님을 알게 되었다. 네이버 카페인 〈성공하는 공부방 운영하기〉에서 강의하시는 분인데, 마침 세미나를 놓친 것이다. 블로그에 올리신 글을 보았다. 원서영어 교육은 아니었지만 학생 80명 이상의 공부방을 운영하시는 비결을 알고 싶어서 꼭 만나고 싶다고 용감하게 전화를 드렸다. 원장님께서는 학생들을 데리고 뉴욕에 가야 하니 돌아온 뒤에 뵙자고 하셨다.

얼마 후 그분 공부방 근처에 있는 브런치 카페에서 만났다. 나중에 알고 보니 공부방 업계에서는 굉장히 유명하신 분이었고, 본인의 책도 내셨고 유튜브도 하시는 분이셨다. 그당시엔 그것도 모르고 용감하게 만나자고 했는데 흔쾌히 만나주신 것이다. 게다가 홈그라운 드라면서 비싸고 맛있는 식사도 사주셨다. 그분의 따뜻한 환대에 학부모와 힘들었던 이야기를 하며 눈물도 흘렸다. 귀인을 만난 기분으로 궁금했던 질문들을 쏟아냈다.

가장 궁금했던 "어떻게 80명이나 모으셨어요? 따로 홍보를 하셨나요?"라는 나의 질문에 "홍보에 대해서는 저는 몰라요. 블로그 이외에 따로 한 것은 없고요. 아이들 말하기 대회 데려가서 상 탄 것으로 입소문이 좀 났어요. 그리고 무엇보다도 하나님께 입을 크게 벌렸더니 채워주셨어요." 같은 신을 믿는 사람으로서 하나님께 기도를 했다는 이야기에 공감했지만, 그 뒤에 해주신 이야기는 자기계발의 실제적인 팁들이었다.

그분은 나에게 이런 팁을 주셨다. "선생님은 이제부터 액션 플랜을 짜셔야 합니다." 그러고 보니 그당시 목표를 짜는 것에만 집중했지 그것을 어떻게 풀어야 할지는 막막했었다.

"지금까지는 주먹구구식으로 해왔어요."라는 고백에 "그래도 주먹구구라도 어쨌든 하고 있잖아요!"라는 위로의 말씀도 해주셨다. 한마디 한마디가 다 소중했다.

그뒤로 우리는 많은 이야기를 했다. 한 번의 만남에 친한 친구가 된 것 같은 기분이 들었다. 에너지도 코드도 비슷하다고 느꼈다. 또 보기로 하고 가끔 카톡으로 안부를 주고받고 있다. 그분의 소식을 듣게 되면 늘 응원하는 마음이다. 그분의 자기계발에 관한 팁들은 새롭게 자기계발의 세계에 눈을 뜨게 했고, 실제적으로 실행력을 키워가는 데에 도움이 된 조언들이었다.

그림책과 융합 교육으로 100명 이상을 모으신 원장님

"원서 영어 교육은 좁은 시장이고 수요가 없을 것이다. 원서 영어 학원으로 크게 잘 될 수는 없다. 입시 영어 학원이라면 몰라도 원서 영어 학원은 잘 안 된다."라는 말을 많이 들었다. 실제로 큰 규모로 하던 원서 영어 학원들이 점점 사이즈를 줄여가고, 성과를 바로 볼 수 있는 입시 영어 학원들이 우세한 실정이다. 원서 영어 교육을 하던 대형 어학원도 문을 닫고 있는 것을 심심찮게 볼 수 있었다.

이렇게 영어 학원의 분위기에 침울해질 무렵 원서 영어 교육과 융합 영어 교육으로 성공하신 원장님을 알게 되었다.

인스타그램을 통해서 그분을 처음 알게 되었다. 예쁜 그림책과 수업 사진들을 인스타그램에 올리신 것이 내 눈길을 끌었다. 예쁜 수업 사진에 매료되어 블로그를 보고 수업 내용을 엿보았는데, 이렇게 융합 영어 교육을 제대로 하고 계실 줄이야. 융합 영어 교육이야 말로 교사의 역량과 인력이 가장 많이 드는 영역인데, 가뿐하게 해내고 계신 것 같았다. 아이들의 표정도 참 즐거워 보였다. 내가 지향하는 교육이어서 더 관심 있게 보았다.

특히 관심이 갔던 것은 《Jasper's Beanstalk》라는 그림책을 읽고 아이들이 정말로 텃밭에서 가서 씨를 뿌리고, 책에 있는 내용과 같은 활동을 영어로 하고 있는 것이었다. 알록달록 예쁜 그림책과 교습소 사진도 엿보았다. 그러다가 그분의 교습소는 대기가 너무 길어서 학원으로 이전한다는 소식을 들었다. 원생 수가 80명이 되었다고 한다.

어느 날 교재 관련 세미나를 그 원장님의 학원에서 하게 되어 용케도 미쉘 원장님을 직접 만날 수 있었다. 그분에게 궁금한 질문을 쏟아냈다. 나중에 직접 SEED모임 강사로 모셨다. 그분의 그림책 강의는 많은 선생님들에게 감동을 안겨주었고 찬사를 보내기에 부족함 없는 강의였다. 그림책을 정말 사랑하시는 분이시구나. 그림책만 파도 저렇게 될 수 있구나. 그림책 장인의 모습으로 그림책과 아이들을 사랑하는 분의 수업에 엄마들과 아이들이 열광하지 않을 수 없겠다는 생각을 했다.

아이들을 모은 비결을 물어보니 이렇게 대답하셨다. "아이들이 너무 좋아해서 학교에서 어디 영어 학원 다닌다고 자랑하니, 다른 아이들도 오고 싶다고 해서 그렇게 입소문이 났어요."

속으로 생각했다. '이게 진짠데….' 이 분처럼 하면 마케팅 안 해도 되겠다. 그렇게 동네에 좋은 소문이 나서 많은 아이들이 오고 대기가 길어져서 100명을 넘어서게 되니 코로나19 상황에서도 어학원으로 확장하신다고 하셨다.

이 분이야 말로 콘텐츠로 대박을 터트리신 분이다. 이 분 역시 비결을 물어보니 늘 계획하신 대로 되었다고 했다. 즉 계획을 늘 세우셨다는 이야기다. 그리고 보이지 않는 곳에서 얼마나 노력을 하셨을까? 정말 그림책 영어 교육으로 아이들의 성장을 위하여 노력하신 결과물이라는 배움을 얻었다.

50명을 모집한 공부방 원장님

이 분이야말로 초보 원장님들께 귀감이 될 만한 분이다. 다른 유명한 성공 사례나 세미나에 가면 흔히 들을 수 있는 사례들은 예비 원장님들에게는 조금 멀게 느껴질 수도 있다. 하지만 이 분은 잘 알려져 있지는 않지만, 내가 가까이서 본 원장님들 중에 성공으로 가는 길을 가장 잘 알고 계신 분이라는 생각이 들었다.

이 분의 성공 키워드는 '노력'이다. 그리고 '배움'이다. 사실 스펙 자체는 대단한 분이시다. 해외 유학파이고 어학원에서 중학생을 가르치던 잘 나가던 학원의 스타 강사이자 인정받던 강사셨다. 당신의 아이가 태어나고 보니 입시 위주의 교육을 계속하고 싶지 않아 원서 영어 교육 중심의 공부방을 하려고 마음 먹으셨다. 하지만 원서 영어 교육에 대해서는 알지 못하니 새롭게 배워야 할 터였다. 처음부터 다시 시작한다는 마음가짐으로 시작한 이 분의 배움을 위한 열정적인 노력은 정말 귀감이 될 만한 것이었다. 주말마다 좋다는 세미나를 찾아다니고, 독서 지도사 수업을 비롯한 여러 강의를 들으면서 프랜차이즈 없이 준비하셨다. 원서뿐 아니라 평일 시간을 쪼개어 소리 영어 보컬트레이닝도 받으셨다. 거기에 자신만의 아이디어와 노하우를 녹여서 차근차근 준비를 해나가셨다. 매일 새벽 3시까지 일하고 주무셨다고 한다.

이러한 노력의 결과인지 오픈하자마자 또 운 좋게 돼지 엄마를 만나 한꺼번에 10명이 들어오고, 아파트 단지에 입소문이 나서 초기 몇 개월 안에 원생이 40명이 되었다고 했다. 그분의 노력을 알기에 단지 운이 좋았다는 생각은 들지 않았다. 이러한 노력도 하지 않고 다른 공부방과 비교해서는 안 된다. 스스로 만족하다고 느낄 만큼 열정을 쏟아붓고, 준비하고, 고민했어야 성공할 수 있다는 것을 보여주는 분이셨다.

이러한 성공 사례를 들으면 한 사람의 이야기가 주는 메시지와 힘을 느낀다. 그 이야기를 잘 들어보면 적용할 점이 있다. 존 맥스웰의 《사람은 무엇으로 성장하는가》를 보면 성공의 14가지 법칙 중에 호기심을 갖기 시작하면 보이는 것들이 있다는 '호기심의 법칙'이 있다.

이 원장님은 어떻게 이렇게 했을까 하는 궁금한 점이 생기기 마련이다. 보통은 거기서 끝내게 되는데, 한 걸음 더 나아가서 전화를 하여 들이대고 물어보았다. 물론 나 역시 내성적 성격이고, 남들에게 민폐 끼치는 것을 극도로 싫어한다. 그분들은 대단하신 분들인데 나를 귀찮아하지 않으실까 하였으나, 절대로 그렇지 않았다. 친절하게 가르쳐 주고 차근차근 알려주셨다. 물론 그렇지 않은 사람이 있을 수도 있다. 하지만 예의를 갖추고 용기 있게 물어 보았을 때, 얻은 것이 훨씬 많았다. 내가 아무것도 하지 않으면 결국 아무 일도 일어나지 않는다.

내게도 가끔 전화하여 조언을 구하는 원장님들이 있다. 그분들이 솔직하고 예의있게만 물어 보신다면 가능한 한 도움이 될 만한 정보를 드리려고 노력한다. 원장님들이 모여 있는 까페의 글을 보면 같은 동네 원장님이 전화를 걸어 탐색하는 것 같다며 기분 나빠하는 글을 가끔 볼 수 있는데, 상식적인 선에서 서로에게 피해가 갈 행동이나 질문은 하지 않도록 하자. 그런데 우리가 우려하고 걱정하는 일들은 잘 일어나지 않고, 일어나 봤자 큰 해가 되는 일은 별로 없다. 바로 옆 학원에서 염탐을 와서 모든 내용을 다 알아 간다고 해도 똑같이 따라할 수는 없다. 똑같은 콘텐츠를 가지고 수업을 하더라도 들이는 노력과 노하우에 따라 수업의 질은 크게 달라진다. 그래도 이왕이면 겹치지 않도록 같은 동네 원장님에게는 들이대지 않는 게 상도이다.

3.
성실과 진정성

나에게 성공의 비결이 무엇이냐고 묻는다면 성실과 정직함이라고 말하겠다. 노력은 모든 성공하는 사람들의 기본 조건이다. 노력하지 않고 성공할 수는 없다. 내가 처음부터 성실하게 노력했다기보다는 하다 보니 노력하지 않을 수 없었고, 성실해지지 않을 수 없었다는 것이 맞는 말이다. 큰딸로 태어났기에 그랬는지 무엇을 맡으면 항상 책임감 있게 행동해 왔다. 책임감을 가지고 들여다 보면 보인다. 어디가 부족하고 어디가 노력해야 할 부분인지를 깨닫게 되고, 고객인 학부모와 아이들의 의견을 귀 기울여 듣게 된다. 그때 필요하다고 생각되면 하겠다고 약속하고, 절대 그 약속을 흘려버리지 않았다.

내뱉은 말은 무슨 일이 있어도 지키려고 다짐하고 노력했다. 예를 들어 "책을 많이 읽었으면 좋겠어요.", "영어 말하기가 안 돼요." 이런 말들은 잘 듣고 고민하고 잘 되게 하려고 노력하겠다고 약속한다. 약속이 나에게는 중요하다. 그래야 실행할 의지가 생기고 마침내는 약속을 지켜내게 된다. 작은 목소리라도 필요하다고 판단하면 무슨 일이 있어도 지키려고 노력했다. 학부모는 그냥 지나가면서 한 이야기라 기억하지도 못해도 내가 뱉은 말은 내게 메시지가 되어 돌아온다. 아무도 나에게 그걸 안 했다고 뭐라고 하는 사람이 없어도. 때로는 학부모는 내가 직장에서 모시는 상사라고 생각하면서 끝까지 해내려고 노력했다.

그렇게 해서 시스템을 바꿔낸 것이 다독 시스템과 소리 영어 교육의 접목이다. 고민되는 지점에서 해결책을 찾아내면 원장인 나와 교습소의 성장으로 연결된다. 그리고 이런 고민들은 늘 성공적인 결과를 낳았다.

나에게 또 한 가지 중요한 원칙은 진정성이다. 나는 누구를 만나더라도 진심을 가지고 정직하게 이야기한다. 처음에는 그렇게 하는 것이 손해처럼 보이기도 했다. 가릴 것은 가리고 비즈니스적으로만 학부모를 대하는 것이 낫다고 조언하시는 분들도 많았다. 차라리 그게 나을 수도 있지만, 나의 성향과 성격과는 맞지 않았다. 최대한 정직하게 숨기지 않고 표현하고 진정성 있게 학부모와 학생들을 대하려고 늘 노력했다.

사람들은 인격체여서 금방 알아본다. 진심이 있는지 없는지, 정직한지 아니면 가식인지 말이다. 교습소라는 곳을 통해 내가 만나는 모든 아이들과 학부모들을 가능하면 진정성 있게 만나고 도움을 주고 싶다는 것이 나의 마인드이다.

현재의 상황은 내가 성공했다고 말하기는 사실 부끄럽다. 겉으로 드러나는 숫자로만 비교해도 더 많은 성과를 이루신 분들이 엄청나게 많다. 나는 그들에 비하면 작은 것을 이루었을 뿐이다. 그리고 앞으로도 더 올라가야 할 산들이 눈앞에 보인다. 완벽하지 않기에 더욱 노력해야 할 일들이 있다. 나는 성공을 향해 가는 진행형이다. 여기까지 이룬 작은 성공들에 대한 나눔이고, 또 다음 단계로 나아가기 위한 도약이라고 생각하고 이 글을 쓰고 있다.

4.
커뮤니티와 네트워크

"빨리 가려면 혼자 가고, 멀리 가려면 함께 가라"

- 아프리카 속담 -

1인 교습소나 공부방 원장은 외롭다. 모든 것을 혼자서 결정하고, 준비하고, 수업도 해야 하기 때문이다. 때로는 그런 것에 즐거움을 느끼기도 하지만, 대화할 누군가를 필요로 한다. 대부분 가족들이 숨은 지지자로 많은 도움을 주고 대화를 나누겠지만, 아무도 원장의 짐을 대신 져주지는 않는다. 책임은 오롯이 본인의 몫이다. 그래서 가족이나 가까운 사람이 아니라 현장에서 같은 일하는 사람들끼리의 연대는 매우 중요하다. 심리적인 이유뿐 아니라 중대한 의사 결정을 할 때에도 도움을 주고받을 수 있다. 혼자라고 느끼는 순간마다 혼자가 아니라고 격려해 주고 도움을 주는 커뮤니티는 많은 힘이 된다. 좋을 때는 좋은 것들을 나누고, 어려운 사건이 있을 때 함께 분노해 주고, 해결책을 공유할 수 있다. 오프라인 커뮤니티뿐만 아니라 웹상의 인맥도 꽤 깊이가 있어서 그 인연으로 대면도 하게 되고, 끈끈한 동지 관계도 맺게 된다.

나 역시 하루 종일 교습소에 있다 보니 알바 쌤 붙잡고 이야기하는 것도 한계가 있고, 남편도 내 깊은 속마음을 알아주지 못해 외로움을 느꼈다. 친구들이나 교회 모임도 말이 안 통한다. 학부모 모임은 늘 어렵다. 그렇게 2년을 혼자 지냈다. 그러다가 만난 멘토가 되어준 정 원장님이 힘들 때, 중요한 일을 결정해야 할 때 상의할 대상이 되어주셨다. 또 블로그로 시작된 인연으로 세미나를 열고, 그때 만나게 된 원장님과 선생님들과의 인연이 정기 모임으로 발전했다.

그러다가 〈강한 영어학원 만들기 네이버 까페〉의 원용석 소장님께서 방문하셔서 내 블로그를 그 카페에 소개해 주시면서 자연스럽게 카페에 들어가게 되었다. 까페 커뮤니티는 신세계였다. 전국 원장님들의 희노애락이 녹아 있는 곳일 뿐 아니라 교습소나 학원 운영에 필요한 많은 정보와 지식이 집결되어 있었다. 〈학원관리 노하우〉처럼 큰 카페에서 정보만 주고받는 게 아니라 나와 같은 고민을 하는 누군가와 대화하며 소속감도 느낄 수 있었다. 다양한 성공담과 실패담을 접할 수 있었고, 수업과 경영에 관한 노하우도 카페에서 여는 세미나를 통해 배울 수 있었다.

2019년 맘카페 사건으로 정신적인 충격을 받았을 때도 카페 글을 통해 많은 원장님들의 위로와 공감, 그리고 해결책을 얻었다. 몇 분은 직접 전화로 위로해 주시기까지 하셨다. 그때의 감동은 아직까지도 생생한 고마움과 따뜻함으로 남아 있다. 혼자 가는 길은 외로울 수 있지만, 시간을 내서 하는 커뮤니티 활동은 번거로운 일이 아니라 견딜 수 있는 용기와 힘을 주고 멀리 갈 수 있도록 도움을 준다.

커뮤니티 활동 없이 혼자 일하시는 원장님들도 종종 볼 수 있다. 그런 분들을 보면 대체로 활력도 부족해 보이고, 요즘 트렌드도 잘 모르시고, 자기 이야기만 하시는 분이 많다. 안타깝다는 생각이 든다. 자기만의 세계를 구축하기 위해서는 혼자 있는 시간이 필수적이지만, 문화적 트렌드를 읽지 못하면 순식간에 도태될 수도 있다. 인생에서 남는 건 결국 인간 관계가 아닌가. 혼자 가면 어렵고 외로운 길, 동지를 만나 함께 가면 좋겠다. 그러나 너무 인간 관계에만 치중하면 피곤해지기 마련이다. 적당한 선에서 하면 좋겠다.

앞서 이야기했듯이 2018년 5월 21일에 첫 세미나를 마치고 참여하신 선생님들과 원서 영어 및 융합 교육 연구 모임을 하고 싶어서 밴드를 만들었다. 그러다가 1년을 4분기로 나누어 모임을 가지면서 친목도 다지고 필요한 강의를 듣고 각자의 노하우를 나누는 모임을 자체적으로 열게 되었다. 이름하여 SEEDStudy for English Education Development, 수업 및 운영 노하우 연구 모임이다. 원서 영어 교육이라는 같은 공통 분모로 모여서 함께 힐링하고 지식과 정보를 교류하는 따뜻한 커뮤니티를 지향하고 있다. 현재 50명 정도의 회원이 있다. 코로나19 때문에 올해 봄모임은 못 열었지만, Zoom이라는 앱을 통해 여름모임을 온라인으로 열었다. 이번에는 '영어 원서 글쓰기 노하우'라는 주제의 정소영 관장님의 강의가 있었다.

매번 신규 멤버를 받지만 모임에 참석해야 밴드에 들어올 수 있다. 비즈니스적인 모임이 아닌 휴식과 힘이 되는 모임으로 가꿔가려 한다. 모임 신청은 언제나 환영이다. 모임 신청은 학원 블로그 〈올리브트리 영어교습소〉를 통하면 된다.

네이버 카페 소개 -
영어 학원만의 커뮤니티를 원한다면
〈강한 영어학원 만들기〉
그림책부터 시작하는 유치 초등 영어 커뮤니티를 원한다면
〈뭉게뭉게 유치초등 영어〉
영어 공부방의 커뮤니티를 원한다면
〈성공하는 공부방 운영하기〉

5.
나만의
독보적인 길로 가라

　필자에게는 현재 운영하고 있는 교습소 창업 전에 거액을 요구하는 묻지마 교습소를 덜컥 계약했던 흑역사가 있다. 3일간 세미나를 진행하고, 3,000만 원을 내면 매월 100만 원이 지급되는 교습소를 내준다는 것이 아닌가. 울고 웃기는 달변가의 감언이설에 현혹되어 교습소 투자 비용을 선뜻 내주었던 나의 어리석음으로 인해 꽤 오랜 시간 고통을 받았다. 첫 달 100만 원은 나왔으나 그 다음 달부터 나오지 않았고 바로 연락 두절되었다. 그 대표가 서울구치소에 있다는 동료 원장의 전화를 받았을 때 비로소 정신이 퍼뜩 들었다. 사기죄로 일 년간 수감되어 있다가 나온 그 대표는 아주 사기꾼은 아니었는지 여러 가지 상황이 잘 안 풀려서 억울하게 들어갔다면서 3년째 매달 45만 원씩 꼬박꼬박 갚아주고 있다. 목돈이 잔돈이 되어 돌아왔다. 그렇게라도 돌아오고 있으니 다행이라고 해야 할까.

그너머에 있는 진실은 내가 알 수 없지만, 나의 노력 없이 불로소득을 탐했던 데 대한 대가라고 생각하고 털어버리기로 했다. 그리고 다시는 나의 미래를 남들에게 맡기는 일은 하지 않기로 했다.

그러한 투자는 나에 대한 것으로 대신하기로 했다. 프랜차이즈 가맹비가 200만 원에서 300만 원 정도 한다. 그 돈으로 세미나에 참석하고, 책을 사서 읽으면, 나 자신에게 투자하는 것이니 그 편이 훨씬 낫다는 생각이 든다. 그렇게 나에게 투자한 결과 현재 나만의 독보적인 콘텐츠가 생겼다. 아직 완성이라고 하기에는 이르지만, 계속 변화하고 성장해 가고 있다.

고민이 시작되는 지점에 성장이 있다. 위기 속에 기회가 있다는 말을 뼛속 깊이 경험했기 때문에, 위기가 오면 이제 감사하는 법을 배우게 되었다. 또 내게 무엇을 가르쳐주려고 이런 어려움이 찾아올까? 처음에는 아이들 모집에 대한 고민, 그리고 나서 커리큘럼 체계화에 대한 고민, 아이들이 파닉스 단계를 넘어 책을 잘 읽어나가도록 하는 고민, 읽기는 잘해도 말하기나 쓰기가 안 되는 아이들을 지도하기 위한 고민 등 끊임없이 고민하고 그것을 해결해 왔다. 아이

항목	프랜차이즈	올리브트리	독자를 위한 나의 제안
커리큘럼	제공	직접 구성	나의 강점을 중심으로 세미나와 책을 통해 나만의 커리큘럼을 만들어 보자.
교재	단계별 교재 제공	직접 선별 구성	좋은 교재를 회사와 상관없이 선별하여 사용할 수 있다. 추천 교재 참조
교구	단계별 교구 제공	직접 선별 구성	좋은 교구를 구입하여 사용할 수 있다. 추천 교구 참조
브랜드 이미지	있음. 제공	없음. 셀프 브랜딩	셀프로도 충분히 멋진 브랜딩을 할 수 있다.
광고/ 홍보	본사 차원에서 진행	개별 진행	광고 홍보에서 본사의 도움이 없다고 불안해 하지 말자. 충분히 잘할 수 있다. 인스타/블로그 등 홍보 제안 참고
마케팅	월별로 진행		

프랜차이즈 영어와 올리브트리 영어의 비교

들만 성장한 것이 아니라 나도 함께 성장했다.

수많은 서적들을 읽고, 세미나에 참가하고 난 후 배운 것을 직접 실행에 옮겨보고, 자기계발 강의도 듣고, 블로그 코칭도 받고, 온라인 마인드맵 교육도 들었다. 그렇게 배운 마인드맵을 우리 아이들의 글쓰기에 적용해 가르치고 있다. 처음에는 시간적 여유도 없고 무언가를 새로이 배운다는 것이 부담스럽기도 했다. 그러나 할 수 있는 것들이 더욱 많아지자 스스로 발전되고 있다는 느낌이 들고 자신감이 생겼다. 작은 성공을 반복해 가니 스스로에 대한 신뢰감도 생겼다.

원서 읽을 시간은 없었지만, 아이들과 함께 읽어 나가니 꽤 많이 읽게 되었다. 소리 영어 교육을 시작하면서 복식 호흡을 시작하니 목이 아프지 않게 되었다. 호흡도 길어지고 목소리도 커졌다. 내 영어 발음의 유창성도 좋아지고 말하기가 늘었다. 리스닝도 좋아져 미드미국 드라마를 자막 없이 보기 시작했다. 가장 큰 수혜자는 나였다.

세미나를 다니다 보면 세상에 좋은 영어 교육법이 참 많다는 것을 느끼게 된다. 이 방식도 좋아 보이고, 저 방식도 좋아 보인다. 그래서 이것저것 다하려 들면서 결국 나만의 특징은 사라져버린다. 필요한 세미나를 듣고 적용해서 나만의 커리큘럼을 만들었다면 더 큰 성장을 위해 적당한 선에서 멈춰야 한다. 마이너스가 플러스보다 더 중요한 이유이다. 교습소는 한 가지 음식을 잘하는 전문 식당이 되어야지, 온갖 메뉴를 다 만드는 김밥천국이 되어서는 안 된다. 독보적이 되어야 한다.

"남이 하지 않는 것을 넣고, 남이 하는 것을 빼라." 그래야 더 잘된다. 나의 강점을 파악하라.

내가 운영하는 교습소의 모토를 한 가지 단어로 표현할 수 있는지 생각해 보라. 많은 성공한 회사들은 자신들의 경영 철학을 한 마디로 정의할 수 있다고 한다. 《원 워드》라는 책에서 저자는 한 단어의 키워드로 성공한 사례들을 이야기한다. 예를 들어 평범한 한 댄스클럽은 'Family'라는 한 단어로 큰 성공을 하게 되었다고 한다. 가족과 보내는 따뜻한 시간처럼 편안하게 춤을 추다 가는 댄스클럽을 지향하여 결국 성공하게 되었다고 한다. 나의 교습소의 '원 워드'는 무엇일까?

나의 교습소의 원 워드를 뽑기 위해 마인드맵을 해보자. 방사형으로 좋아하는 것들과 잘하는 것들을 브레인스토밍하듯이 써보자. 그렇게 뽑아낸 단어로 슬로건을 만든다. 예를 들어 올리브트리영어는 '언어로서의 영어'를 지향한다. 만나는 사람들에게 장황하게 설명하기 이전에 한 마디로 먼저 표현한다. "언어로서의 영어를 배웁니다." 이렇게 나의 교습소만의 특징을 담아 지역의 명물 맛집 같은 특색 있는 교습소를 만들어보자. 작은 교습소라고 움츠려들지 말고 어깨를 펴고 당당하게 나의 색깔을 입힌 나만의 교습소를 만들어보자. 평범한 동네 교습소에서 아이들이 찾아오는 교습소, 소문난 교습소가 될 것이다.

기버giver가 되어라. 성공한 사람들은 주는 것에 인색하지 않다. "좋은 것을 아이들에게 주겠다. 학부모에게 주겠다."는 마음으로 아낌없이 베풀면 그들이 낸 비용보다 더 많이 받게 될 것이다. 그렇게 되면 고마운 마음에 소개도 해주고 더욱 신뢰를 보낼 것이다. 지금 다니는 원생의 동생이 이어서 다니게 되고, 친구들도 들어오게 된다. 이곳에 보내는 것이 남는 장사라고 생각하게 하라. 그러면 돈은 따라서 들어온다.

주는 것에 인색하고, 더하기 빼기 셈법으로 대하지 말자. 아무것도 안 주면 제로이고, 많이 줄수록 몇 배가 되어 돌아온다. 이것이 곱하기 셈법이다.

그러면 '무엇을 줄 수 있을까?' 생각해 보면 많다. 나의 경우 어머니들에게 교육적 팁을 드리려고 하고, 피드백과 학습 자료, 영상과 워크북 등을 더 드리려고 노력한다. 또한 아이들에게는 애정을 주려고 한다. 부수적으로 간식도 준비하고, 이벤트도 열어주고, 아이들에도 정성을 쏟아부어 주려고 노력한다. 진심이 닿으면 긍정적인 피드백과 결과로 돌아온다.

> "남에게 주어라. 그러면 너희도 받을 것이다.
> 말에다 누르고 흔들어 넘치도록 후하게 담아서
> 너희에게 안겨주실 것이다.
> 너희가 남에게 되어 주는 만큼 너희도 받을 것이다."
>
> – 누가복음 6:38 –

하지만 '넘치면 모자라느니만 못하다'는 원칙을 세워놓지 않으면 주다가 제풀에 지치게 된다. 지나친 배려는 당연한 권리로 착각하게 만든다. 무언가를 베풀 때에는 약간 생색도 되면서 "원래는 이렇게 하면 안 되지만, 어머님께는 특별히 해드리는 겁니다."라고 은연중에 메시지를 전달하는 것이 좋다. 특별한 배려를 알아주겠지 하고 생각하지만, 직접 말하지 않으면 아무도 알아주지 않는다. 줄 때는 화끈하게 주되 선을 분명히 명시한다면 주고도 힘든 일은 없을 것이다.

때로는 베풂으로 인해 힘든 상황에 놓일 수도 있지만, '아이들이 없어서 슬픈 것보다는 내 몸이 힘든 게 낫다'라는 긍정적인 마인드를 가지는 게 좋다. 그렇게 이겨내고 전진하다 보면 더욱 나은 풍경이 눈앞에 펼쳐질 것이다.

6.
벤치마킹과 실행력

주먹구구가 체계적이라는 말을 듣다니! 요즘 실감하고 있는 말이다.

요즘 신입 원생들의 어머니 상담을 하면 이런 말을 하신다. "생각보다 매우 체계적이네요!" 동네 교습소여서 체계적이지 않을 줄 아신 걸까.

체계적이라는 말은 학부모들로부터만 듣는 게 아니다. 최근 블로그를 통해서 수업 내용을 궁금해 하시는 원장님들을 대상으로 온라인 커리큘럼 강의를 시작했는데, 강의를 들으신 선생님들도 하시는 말씀이 언어로서 영어 교육의 성장 과정이 체계적이라고 말씀하신다. 사실 나는 체계적이지 않은 사람이다. 처음에는 보이는 대로 닥치는 대로 직감에 따라 일하곤 했는데, 시간이 흐르고 정리에 정리를 거듭해서 시스템을 만들다 보니 간신히 체계적인 틀을 잡을 수 있었다.

이렇게 체계적인 시스템을 만들기까지 처음부터 체계적일 필요가 없다. 롭 무어가 《결단》에서 "일단 시작하고 완전해지라."라고 한 것처럼 아이디어가 떠오르면 일단 몸부터 움직인다. 무엇인가 깨달았으면 48시간 안에 아웃풋을 내려고 애를 쓴다. 블로그에라도 쓰고 어머니들에게 이야기한다. 그렇게 하면 그 이야기는 다시 나에게 메시지가 되어 돌아와서 무엇이라도 하게끔 나를 이끌어가는 원동력이 된다. 처음부터 지금처럼 완성된 시스템을 가지고 있어서 이렇게 이야기한 것이 아니다. 일단 이야기를 하고 그러한 방향으로 가도록 애쓰는 것이 중요하다.

실행력을 키우기 위한 강력한 비법은 여기저기 말하고 다니는 것이다. 일단 "이렇게 하겠다."라고 말하고 나면 책임을 져야 하지 않겠는가. 그러면 내 성격상 싫든 좋든 일단 움직이고 있는 나를 보게 된다. 완벽하게 준비하고 실행하려다가 결국은 아무것도 하지 못하는 경우를 주위에서 많이 볼 수 있지 않은가. 다만 충분히 생각한 다음에 실행해야 한다. 나의 비법은 일단 날짜를 정해 광고지나 안내문을 만들어 선포해 놓는다. 광고한 뒤부터 슬슬 준비하기 시작해서 마침내 이벤트든 특강이든 해낸다. 그런 식으로 게으른 나를 실행하게 만들었다.

시행착오를 줄일 수 있는 방법으로는 벤치마킹이 있다. 세미나를 통해 배운 것을 적용해 보고 주위의 원장님들과 상의해 보자. 다른 사람의 경험에서 배우는 것은 매우 현명한 일이다. 하지만 누가 이렇다 저렇다 하는 것에 얽매이기보다는 직접 경험하는 것이 최고이다. 그래야 더욱 빠르게 체득할 수 있다. 돌아가는 길이 빠르다는 말도 있듯이 삽질도 많이 해본 사람이 잘하기 마련이다.

2019년부터 다독에 대한 고민을 시작했다. 정독은 수업에서 하고 있지만, 그 외에 영어책을 많이 읽혀야 하는데 "책 많이 읽으세요."라고 해봤자 "네!"하고 끝이다. 3,000여 권의 원서를 구비하고 있으면서 대여하면 뭘 하는가. 적극적으로 빌려가서 읽는 학생이 없는데. 책을 읽으라고 이야기하면 대부분의 학생들은 숙제로만
느끼고 읽기 싫어한다. 온라인 독서나 오프라인 다독 숙제를 내주지만 그것만으로는 부족하다. 정말 많은 양의 원서를 읽는 것이 다독이다. 영어의 다독은 모국어의 다독과는 다르게 영어 노출 양을 채워주기 위한 방편이므로 어마무시하게 읽어야 한다.

원장님들이 모인 카페에 글을 올려 놓으니 많은 분들이 답을 주셨지만, 결국 원하는 정답은 얻지 못했다. 나의 고민이 더욱 깊어지던 찰나에 우연히 일산에서 잠수네식 영어로 학원을 하고 계신 분의 글을 읽게 되었다.

어마무시한 다독을 위해 100권 읽기, 1,000권 읽기 프로젝트를 실행한다는 것이었다. 무릎을 쳤다. 바로 이거다. 내가 원하는 수준의 다독은 바로 이런 거다. 세미나를 듣기 위해 일산으로 달려갔다. 그곳에서 보고 들은 것은 영어에 푹 잠수하는 습득법이었다. 그 세미나

에서 아이디어를 얻어 방학 중에 다독 특강과 책을 많이 읽히기 위한 프로젝트를 본격 가동했다. 영어 노출은 책 만한 게 없으므로 집중적으로 책읽기를 많이 한 친구들은 레벨이 한 단계 올라가는 모습을 보여주었다. 이 세미나를 통해 '집중듣기', '흘려듣기' 개념의 다청과 청독의 학습법을 도입했다. 다행히도 이 학습법의 도입 이후 아이들의 실력이 알차게 채워졌다. 이 학습법은 엄마표 잠수네 영어

에서 시작한 방법으로 많은 엄마들이 알고 있지만, 사실상 가정에서 엄마가 실행하기는 무리가 따른다. 학원가에서도 잘 사용하지 않는 방법이지만, 내게는 맞을 것 같아 교습소에서 적용하기 시작했는데, 충분한 효과는 거두었다. 그런데 이것은 교사의 책임과 노력이 많이 드는 방법임에는 분명하다.

그래도 여름방학 · 겨울방학 때마다 진행한 다독 특강과 책꾸러미 미션은 우리 교습소의 특별한 행사로서 어머니들께 환영받는 프로그램이 되었다.

아무리 좋은 세미나를 열 개를 들어도 한 번의 깊은 고민과 적용이 없다면 모두 헛것이다. 한 가지 세미나를 들으면 직접 아이들에게 적용해서 성과를 내야 자기 것이 될 수 있다.

초기에 원장 혼자서 교습소 일을 감당하려면 시간도 많이 필요하고 에너지도 많이 소모된다. 보이는 일, 처리해야 할 일들도 한가득이다. 이럴 때 먼저 숨 한 번 깊이 쉬어보자. 한 가지씩 차근차근 해보자. "천 리 길도 한 걸음부터!"는 일인 원장들이 자주 외쳐야 하는 구호가 될 것이다.

월급 받는 강사 생활과는 달리 내 사업이기 때문에 모든 생각이 교습소에 쏠리게 되고, 주말에도 나와서 일해야 하는 경우도 비일비재이다. 어느 순간 일상과 일의 경계가 허물어져 있는 모습을 발견하게 되겠지만, 내 사업이기 때문에 얻는 즐거움도 무시할 수 없다.

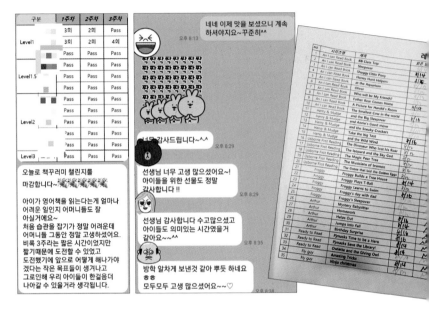

오후 1시에서 7시까지 일하면서 오전 9시부터 6시까지 일하고 월급 받을 때보다 훨씬 많이 번다. 물론 학부모들이라는 상사분들을 모셔야 하지만, 교습소 내에서는 누구의 눈치도 보지 않고 자율적이다. 예전에 강사로 일했을 때는 주말을 기다렸고, 일주일이 고되다고 느꼈는데, 내 교육 사업을 시작하고부터는 일주일 동안 매일매일이 흥미진진하다. 휴일이 기다려지지 않는 나를 발견하게 된다. 이 교육 사업은 내가 원하는 것을 펼쳐갈 수 있는 기회와 경제적 자유, 그리고 자아 성장을 주었다. 해 볼 만한 장사 아닌가! 다시 5년 전으로 돌아가도 꼭 다시 교습소를 시작할 것이다.

7.
나의 성장 이야기

2015년 12월 우연한 인연으로 찾아간 영어 교습소를 인수받아 교습소 운영을 시작했다.

오픈하면 자연히 아이들이 올 것으로 여겼던 착각은 여지없이 깨지고, 단 2명의 학생으로 교습소를 시작한 후 원생 모집을 위해 발품 손품 팔며 안 해본 일 없이 첫해에 목표했던 20명을 모았다.

하지만 원생 모집은 힘들고 퇴원도 잦은 데다가 학부모들의 응대는 너무도 힘들었다. 이렇게 여러 가지 일들을 겪으면서 시행착오도 해나갔다.

생계를 책임져야 하는 상황이어서 열심히는 살고 있지만 많은 부분 준비가 부족했다. 열매를 맺는 삶을 살고 싶었던 나의 소망과는 달리 작은 희망에 매달려 하루하루를 그저 치열하게 살았을 따름이었다. 흔히들 이야기하는 희망 고문을 당하고 있는 것 같았다.

그러던 어느 날 몸에 용종이 생겨 작은 수술을 하게 되었다. 이때 문제의 원인은 바로 나 자신에게 있으며, 스스로 관리가 되지 않았음을 깨닫고 몸과 마음을 돌보고 관리하기로 결심하며 책을 읽어나가기 시작했다. 2017년 6월부터 본격적으로 자기계발에 관한 책을 읽기 시작해서 연간 30권에서 50권을 읽어내면서 많은 변화와 성장을 해왔다.

그리고 꿈이 많았던 나는 그 꿈을 쓰기 시작했다. '꿈이 많고 하고 싶은 게 많은데 이것이 정상일까?'라는 생각을 하다가 우연히 알게 된 김수영 작가의 '78가지 꿈을 이루어 낸 삶의 이야기'를 블로그에서 보고 그의 책을 읽게 되었다. 《멈추지마 꿈부터 써봐》라는 제목의 책을 읽고 강연을 들으니, 놀라운 인간 승리를 이룬 그의 삶에 눈물을 흘리고 갈채를 보내게 되었다. 그렇게 감탄만 하는 데에 그치지 않고 나 역시 하나씩 차근차근 꿈을 써보기로 했다. 막상 써보니 생각보다 그리 많지는 않았다. 한 가지씩 이루어 보자 하고 꿈을 써보고 보물지도를 만들어 보았다.

《보물지도》라는 책을 읽고 2년 후에 그 보물지도에 있는 것들이 하나씩 이루어지는 놀라운 일들을 경험했다. 꿈을 시각화하는 것이 뇌를 무의식 중에 작동시켜서 그 일들이 이루어지게 한다는 이론이 맞는 것인지 보물지도에 작성한 일들이 이루어지는 것을 보았다. 그 중의 하나가 양평에 전원주택을 짓고 살게 된 것이다. 또 교습소에서 학원으로 확장하게 되었다. 2년 전에는 꿈만 같았던 일들이 하나하나씩 이루어지는 것을 겪었다.

삶의 목적과 비전을 쓰고 인생의 중장기 목표를 작성하고 그것을 달성하기 위한 액션 플랜을 짜고 미래 일기, 감사 일기, 그리고 독서 일기를 쓰면서 방향을 정하고 미래의 목표를 구체화하기 시작했다.

"무엇을 볼 때, 있는 그대로의 모습으로 보지 말고
만들어내고 싶은 모습으로 보라"

- 로버트 클리어 -

책을 통해 나를 보면서 시간 관리를 하게 되고, 감정 관리를 하게 되고, 재정에 대해 배우기 시작하고, 습관을 바꾸기 시작했다. 늦게 자고 늦게 일어나던 습관을 바꿔 일찍 일어났다. 불필요한 TV 시청이나 의미없는 SNS에 매몰되는 짓을 그만두었다. 시간 관리를 하고 보니 늘 시간 빈곤자라고 생각했던 삶이 바뀌었다. 놀라운 사실은 내게 '시간은 늘 있었다'는 것이다. 관리가 안 되던 짬짬이 시간들과 버려지던 시간이 그리 많을 줄이야…. 시간을 기록하니 보이기 시작했고 시간의 여유가 생기기 시작했다. 시간이 관리가 되니 훨씬 시간의 여유가 생기고, 일 처리 방식이 효율적이게 되었다. 조급한 마음이 사라졌다. 감정 관리는 생각보다 어렵지만, 심리학 책들로 마음을 다스리게 되면서 이해할 수 있게 되었다. 물론 그 이후에 여러 가지 사건과 경험을 거쳐서 감정 관리법을 터득하게 되었고, 조금씩 삶의 규모가 잡히게 되었다. 현재는 에너지 관리에 집중하고 있다. 운동·식단·수면 등의 에너지 관리를 하면서 삶의 질이 달라지고 있음을 느낀다. 이러한 것들을 책에서 배워가기 시작했다.

내가 성장하니 아이들의 영어 실력도 향상되고, 교습소도 성장했다.

아이들의 문제에 시선을 고정했다. 엄마들의 고민에 촉을 세웠다. 잘하는 아이들도 있었지만, 거기에 만족하지 않고 아이들이 나아가야 할 길을 생각해 보고 함께 고민했다. 마치 내게 떨어진 인생 문제인 것처럼 고민했다. 여러 세미나에 참석하고 영어 교육에 관련된 책을 읽어나갔다. 수업에서 아이들에게 바로 적용해 보면서 나만의 노하우와 커리큘럼을 만들어갔다.

2019년 용기 있게 확장 이전을 감행하고 소리 영어 시스템을 완비하며 아이들의 영어 실력이 크게 향상되는 결과를 보여주니 자연스레 입소문이 나기 시작했다.

2020년 〈국제영어말하기대회〉에 출전한 원생 11명 전원 수상과 전국 최고점수 2명과 4명이 대상을 수상하니, 대상이 가장 많이 나온 우수 지도 학원으로 선정되었다.

원생 수가 50명을 넘겨 교습소를 학원으로 확장하게 되었고, 2021년 1월 학원으로 인가받고 더 많은 아이들이 들어오면서 이제 는 70명을 넘어서고 있다. 코로나19로 여전히 어려운 상황이지만, 기존의 어머님들께 신뢰를 얻고 소개를 통해 아이들이 더 들어오고 있다.

하지만 늘 겸손해야 하고 불확실성의 연속인 현 시대의 흐름 속에 서 늘 준비해야 하며 분별해야 함을 알고 있다. 하지만 누군가 나의 성장 비결을 묻는다면 결코 무시할 수 없는 나만의 비법인 과감한 '자기계발'의 시작이었노라고 말할 수 있겠다.

- ☺ 단호하게 결단을 했던 것
- ☺ 목표를 구체적으로 썼던 것
- ☺ 자기 관리를 시작했던 것
- ☺ 심리학 서적을 읽었던 것
- ☺ 독서 교육을 했던 것
- ☺ 세미나와 강의와 코칭을 들었던 것
- ☺ 습관을 바꾸기 위해 수많은 실수를 했지만 끝까지 포기하지 않았던 것

그리고 내가 할 수 있는 이 모든 일을 한 뒤에 할 수 없는 일들에 대해서는 하나님께 맡긴 것, 그리고 기도하고, 믿은 것.

이것이 내가 대답할 수 있는 성장과 변화의 비결이다,

There is no chance, no destiny, no fate,
Can circumvent, or hinder or control
The firm resolve of determinded soul.

– Ella Wheeler Wilcox –

의지가 강한 사람의 단호한 결심을 막거나 방해하거나 통제할 수 있는 기회니 운명이니 숙명이니 하는 것은 없다.

"그래서 무엇을 해야 하나요?"라고 누가 내게 묻는다면 가장 먼저 "단호한 결심을 하라!"고 말할 것이다.

자신의 상황과 가정을 바꾸고 싶다면 가장 먼저 자신의 무릎을 일으켜 세워야 한다.

내가 일어서면 가정도 일어서고 상황이 바뀌게 된다.

지금 가장 필요한 것은 바꾸고 말겠다는 나의 의지이다.

Epilogue 에필로그

　블로그에 글을 꾸준히 쓰다 보니 영어 교습소도 잘 되었고, 많은 분들이 찾아와 주셨다. 블로그를 통해 전국에 있는 선생님들과 원장님들을 만나게 되었고, 원서 영어 교육 연구 모임도 진행하게 되었다. 블로그의 힘, 글의 힘에 놀라움을 느낀다. 온라인을 통해 이제 세상은 더욱 가까워지고 있다. 유튜브와 SNS를 통해 국가와 국가의 경계도 사라지고 있다. 세상은 놀랍도록 가까워졌고 역동적이다. 그래서 더욱 배움이 대한 열망도 강해진다. 노트북을 쓰면서도 노트북 사양을 몰라서 헤매던 컴맹인 내가 유튜브를 하고 Zoom으로 온라인 강의를 한다.

코로나19로 인해서 세상이 5년은 더 빨라졌다고 한다. 온라인 세상도 엄청나게 빠른 속도로 변화하고 있다. 이러한 시대에 공부방이나 교습소 창업을 계획하신 선생님들께서는 고민이 많을 것이다. 과연 요즘에, 그리고 가까운 미래에 지속적으로 교습소의 수요가 있을 것인가? 나는 그 질문에 "네!"라고 대답할 수 있다. 앞으로도 꾸준히 전망이 있을 것이다. 아이들이 줄어들고 출산율이 저조해도, 아이들이 있는 곳은 여전히 수요가 있고, 오히려 대형 학원보다 작은 규모의 교습소가 더 잘 될 수 있는 기회라고 생각한다.

이때 미리 준비해야 할 부분의 첫 번째는 안전성이다. 안전성이 좋은 커리큘럼보다 더 중요하다. 코로나19와 같은 질병에 대한 방역과 소독, 거리두기, 환기 등의 원칙을 잘 지키고, 교습소의 이익에 앞서 부모님들의 입장으로 발 빠르게 대처하고 투명하게 정보를 공유해야 한다.

두 번째는 미디어이다. 2020년 2월 코로나19 사태가 터지면서 발 빠르게 대처한 것 중의 하나가 온라인으로 하는 비대면 수업이었다. 이전에 모아두었던 PDF 파일과 미리 배워둔 Zoom 사용법이 빛을 발했다. 덕분에 당시 학부모님들의 전적인 호응을 얻었고, 한 명도 퇴원하지 않았다. 오히려 '수업할 수 있어서 감사하다'면서 칭찬까지 받았다. 그리고 소개를 통해 아이들이 더 들어왔다.

이런 사태에 미온적으로 대처하면서 아날로그만 고집하는 원장님들이 안타깝다. 2020년 9월부터 코로나19가 재확산되면서 다시 비대면 수업으로 들어갈 때도 미디어와 온라인의 힘을 다시 한번 느낄 수 있었다. 미리 준비해서 발 빠르게 대처하는 자는 기회를 잡을 수 있다. 위기가 기회이고, 기회를 잡으려면 더 배워야 한다.

누구도 시도해 보기 전까지는 자신이 어디까지 갈 수 있는지 모른다. 평범하게 현실에 안주해서는 안 된다. 다른 삶이 있을 것이라 믿고 새로운 모험을 시작해야 새로운 나를 발견할 수 있다. 열매 맺는 삶을 살 수 있기를 바랐다. 그래서 아무것도 없이 시작하면서도, 매 걸음걸음이 고생길이었어도 작게나마 주어지는 열매들에 행복할 수 있었다. 지금 더 단단해지고 강해진 나를 본다. 무엇이라도 할 수 있을 것 같은 자신감이 가득 차 있다. 도전하기 전에는 알지 못했던 새로운 나를 만나는 기쁨과 감격이 있다. 이 감정을 나와 비슷한 일을 하고 계시는 원장님들께 전하고 싶어서 이 글을 썼다.

이 글을 읽으시는 독자님들께 다음 네 가지를 꼭 당부하고 싶다.

첫째, 지금 시작하라.

꿈이 있다면 더 늦기 전에 핑계는 그만 대고 시작하시기 바란다.

·

특별히 영어 공부방이나 교습소를 꿈꾸는 예비 원장님들에게 희망의 말씀을 전하고 싶다. 교습소 창업을 생각할 때 주변에서 우려하는 몇 가지 이야기가 들릴 것이다. "점점 아이들의 수가 줄어들 것이다.", "대형 어학원만 잘 된다.", "혼자 다 하려면 힘들다."

나는 과연 누구의 인생을 살고 있는가? 해보지 않은 사람들의 안 된다는 말을 믿지 말라. 자신의 길은 자신이 만들어 가는 것이다. 내가 길을 만들어 가고자 한다면 신은 그 길을 열어 주신다고 믿는다. 나는 경험했고 도전했고 이루어냈다. 그리고 아직도 눈앞에 새로운 길을 두고 또 다른 도전을 하고 있다.

이 책을 읽은 누군가가 새로운 일을 도전하면서 개인적인 성장과 경제적인 안정도 이뤄냈으면 참 좋겠다. 나 역시 더 큰 꿈을 꾸고 있다. 그 새로운 길에 서 있는 나에게 용기를 북돋아주고 싶어서 책을 쓰게 되었다. "아무것도 가진 것이 없을 때도 했는데, 지금은 더 잘 할 수 있어."하고 스스로를 격려한다. 무언가 믿는 구석이 있어서가 아니다. 그렇게 말하고 결정하고 목표를 세우면 돕는 이들을 만나게 되고, 기회를 얻고, 마침내 그렇게 이루어지는 것을 경험했기 때문이다.

두 번째, 포기하지 마라.

시작한 순간부터 어려움이 종합 세트처럼 몰려오더라도, 눈 딱 감고 2년만 해 보시라고 권하고 싶다. 교육 사업은 미래에도 여전히 건재할 것이다. 코로나19 상황에서도 공부방과 교습소는 여전히 살아남았다. 잘되는 학원은 더 잘되고, 아이들이 늘어나고 확장하는 곳들도 있었다. 성실하고 진정성 있게 운영해 나가면, 사람 상대하는 일은 성공하기 마련이다. 아이들과 학부모 관계를 넘어서서 단단하고 강해진 교습소의 원장님으로 우뚝 설 것으로 믿는다. 자신을 잘 관리하고, 자신만의 속도와 색깔로 전진하면 반드시 성공에 다가설 것이다. 안 되는 일은 없다. 항상 감사하며 긍정적 마인드로 길을 만들어 가 보시길 권한다. 하늘은 스스로 돕는 자를 돕는 법이다.

세 번째, 프랜차이즈도 괜찮지만, 프랜차이즈 없이도 나만의 브랜드로 공부방과 교습소를 성공적으로 운영할 수 있다.

처음에 너무 많은 일을 하고 싶지 않다면 프랜차이즈도 나쁘지 않다. 이 책은 '프랜차이즈 하지 말아라'라고 이야기하는 책이 아니다. 다만 프랜차이즈 한다고 해서 성공이 보장되지는 않더라. 프랜차이즈를 하면 자료와 콘텐츠는 제공받는다고 할지라도 진짜 실력과 노하우는 시간을 거쳐서 본인이 채워가야 한다.

소비자인 학부모는 자녀 교육기관을 선택할 때 인테리어나 프랜차이즈 이름 보고 등록하는 것이 아니다. 인테리어가 잘되고 유명한 프랜차이즈면 나쁠 건 없지만, 진짜 실력 있는 곳에 자녀의 영어 교육을 맡길 것이다. 처음에 실력 부족을 걱정하지 말아라. 실력은 만들면 된다. 세미나에 등록하고, 책을 연구하고, 수백 번 수천 번 연습해서 나의 것을 만들어라. 고민되는 지점이 있다면 관련 도서를 10권 이상 정독하면 그 분야를 꿰뚫게 된다.

이렇게 성공하는 것이 더 가치 있지 않을까. 우연히 운이 좋아 성공할 수도 있겠지만, 내 힘으로 차근차근 이루어나가는 것이 훨씬 가치 있는 성공이다. 물론 아무도 그 성공의 잣대를 가지고 판단하지 않는다. 본인이 평가하기 나름이다. 지금은 개인 브랜드 시대다. 자신만의 브랜드를 만들어라. 자료와 콘텐츠는 사방에 널려 있다. 가져가서 연구하는 부지런함만 있다면 자신만의 특별한 브랜딩이 가능한 세상이다.

네 번째, 원서 영어 교육과 소리 영어 교육의 융합을 꼭 알려드리고 싶다.

우리나라에서도 '언어로서의 영어'가 옳다고 믿고 그것을 실현하기 위해 노력하는 많은 부모님들과 선생님들께서 한번 꼭 읽어보고 영어 교육에 도움을 얻길 바라는 마음으로 썼다. 이제 우리나라 아이들도 언어로서의 영어가 되게끔 키워 나갔으면 좋겠다.

책 곳곳에 언어로서의 영어가 이루어지도록 만드는 나만의 노하우를 많이 풀어서 넣었다. 조금이라도 적용해 보고, 좋은 결과를 낼 수 있다면 참으로 고마운 일이다.

지금까지 부족하고 평범한 한 사람의 이야기를 들어주심에 감사드린다. 이 책은 독자분들 중 한 분이라도 인생을 바꾸는 도전을 시작하고, 그 도전에 한 가닥이라도 도움이 된다면 나의 기쁨은 이루 말할 수 없을 것이다. 모쪼록 이 책이 세상의 한 켠을 비추는 작은 빛이 되길 소망한다.